Ostsibirische See
Dmitrij Laptew-Str.
Gr. Ljachowskij-I.
Kl. Ljachowskij-I.
De Long-
Tschuktschen
Kolyma-Tiefebene
Jana-Indigirka-Tiefebene
Nördl. Anjuj-Geb.
Südl. Anjuj-Geb.
Nördlicher Polarkreis
Jukagiren-Hochland
Moma-Gebirge
Werchojansker
Tscherskij-Geb.
Kolyma-(Gidan) Geb.
Anadyr-Golf
Korjaken-Geb.
Schelechow-Golf
Bering
Jakutsk
Magadan
SOWJETREPUBLIKEN
Bergland
Krasnojarsk
Tulun
Irkutsk
Ulan-Ude
Ochotskisches Meer
Dshugdshur-Geb.
Stanowoi-Geb.
Aldan
Kamtschatka
Petropawlowsk Kamtschatskij
Kommandeur-In.
Sachalin
Blagoweschtschensk
CHABAROWSK
Ulaanbaatar (Ulan-Bator)
MONGOLEI
Gobi
HARBIN
QIQIHAR
CHANGCHUN
SHENYANG
WLADIWOSTOK
BEIJING (PEKING)
Japanisches Meer
Hokkaidō
SAPPORO
S T I L L
Maßstab 1 : 20 000 000
0
200
600
1000 km

ДОБРЫНЯ

Leosch Schimanek

# SOWJETUNION

## QUER DURCH

**Von den Karpaten zum Baikalsee – auf der Suche nach der Ursprünglichkeit, dem Einklang von Mensch und Natur**

Herzlichst
Ihr
Leosch Schimanek

Badenia Verlag Karlsruhe

**Die Deutsche Bibliothek – CIP-Einheitsaufnahme**

**Schimanek, Leosch:**
Sowjetunion – quer durch: von den Karpaten zum Baikalsee; auf der Suche nach der Ursprünglichkeit, dem Einklang von Mensch und Natur / Leosch Schimanek. – Karlsruhe: Badenia-Verl., 1991
(Abenteuer heute)
ISBN 3-7617-0287-6
NE: HST

Titelfoto:
Leosch Schimanek im Dorf Deutsch-Mokra
in der Karpato-Ukraine mit dem Expeditionsfahrzeug Tatra 815 4x4,
am Lenkrad Lenka Jirásková

Aufgenommen mit Leica R6, Vario-Elmar-R 3,5/35–70 mm, Blende 5,6, auf Kodak Kodachrome 64



Herstellung:
Badenia Verlag und Druckerei GmbH, Karlsruhe

Fotos:
Alle aus dem Dia-Archiv von Leosch Schimanek

Sämtliche Fotos aufgenommen mit Leica R5 und Leica R6 auf Filmen Kodak Kodachrome 25 und 64

Übersichtskarten: Leosch Schimanek

Vorsatz: unter Benutzung der Weltkarte von Kümmerly+Frey

Gestaltung: Werner Münkel

ISBN 3-7617-0287-6

*Seite 1:* *Mädchen aus dem Dorf Kolotschawa in der Karpato-Ukraine.*

*Seiten 2/3:* *Fluß Katun in den Altai-Bergen/Sibirien.*

*Seiten 4/5:* *Mit der Yacht „Dobrinja“ in der Babuschka-Bucht am Baikalsee/Sibirien.*

*Seiten 6/7:* *Sonnenuntergang am Pik Kommunismus im Pamir-Gebirge/Tadschikistan.*

*Seiten 8/9:* *Tadschikische Frau mit Tochter aus der Mattscha im Serawschan-Tal/Tadschikistan.*

*Seite 10:* *Leosch Schimanek, Lenka Jirásková und der Hund Koyuk, ein alaskischer Malemute, in Nesseldorf/Mähren vor der tschechoslowakischen Lastwagenfirma Tatra.*

*Nachsatz:* *Monument „Rodina Mat“ – „Die Mutter der Nation“ – in Wolgograd (früher Stalingrad). Die Figur ist 52 Meter hoch, ihr Arm 20 Meter und das Schwert 29 Meter lang. 1967 wurde das Denkmal zu Ende gebaut zur Erinnerung an die Opfer, die bei Stalingrad im Zweiten Weltkrieg gefallen sind.*

# *Inhaltsverzeichnis*


| | |
|---|---|
| Vorwort | 14 |
| Die Vorbereitungen | 38 |
| Der Start | 40 |
| Ukraine | 42 |
| Krim | 46 |
| Kaukasus | 74 |
| Wolga | 80 |
| Westliches Mittelasien | 82 |
| Alai | 110 |
| Pamir | 112 |
| Altai | 118 |
| Baikalsee | 120 |
| Tourismus in der Sowjetunion | 142 |
| Für den fototechnisch Interessierten | 143 |

# Vorwort

Als meine Schwester die Dias von unserer Fahrt durch die Sowjetunion allesamt betrachtet hatte, blickte sie mich ungläubig an. Gar zu groß erschien ihr der Kontrast zu dem, was ich ihr unmittelbar nach der Rückkehr berichtet hatte. Jetzt war sie begeistert von dem Land in seiner unendlichen Weite, seiner faszinierenden Andersartigkeit. Aber ich kann diese anderen Bilder nicht vergessen, die ich nicht mit der Kamera, sondern in mir aufgenommen habe: die betäubende Monotonie endloser Felder, Steppe, Wüste...
Mehr als dreißigtausend Kilometer haben wir zurückgelegt. Überall sind wir auf Industrieanlagen gestoßen, die das Land verheeren, die Natur töten. Rücksichtslos ist die Erde ausgebeutet, sind ihre Schätze verschwendet worden. Übrig blieb unfruchtbares, verödetes Land.
Die Städte: am deprimierendsten ihre „neuen" Außenbezirke, die häßlichen, dicht gestaffelten Betonwohnklötze, von denen der Putz abblättert, die aufgerissenen Straßen, dazwischen Unmengen von Abfällen, die der Wind vor sich hertreibt.
In den Gesichtern der Stadtmenschen habe ich vergebens nach einem Lächeln gesucht. Sie stehen in Schlangen vor den Geschäften, und je länger sie warten müssen, desto gereizter werden sie. Nicht selten entlädt sich der Unmut dann in lautstarken Beschimpfungen.
Eine Kaste für sich sind die – zumeist weiblichen – Beschäftigten der Dienstleistungsbetriebe, die Verkäuferinnen, Serviererinnen, Postbeamtinnen, Telefonistinnen. Sie scheinen sich von den Kunden fortwährend belästigt zu fühlen. Wer ihr Verhalten nicht gewöhnt ist, könnte annehmen, sie bekämen für jedes schnippische Wort eine Sonderzulage.
Lästig, manchmal nervenaufreibend, die ständigen Polizeikontrollen. An jeder Gebietsgrenze, vor jeder Stadt, fast an jeder Brücke tauchen Milizposten auf, die offenbar in jedem Fremden zunächst einmal den Staatsfeind wittern.
Dennoch: Rußland war die Reise wert! Ein halbes Jahr lang haben wir gesucht, was aus der Zeit vor der kommunistischen Revolution übriggeblieben ist, Reste der alten Kultur, unzerstörtes Land und naturverbundene Menschen, die sich ihr ursprüngliches Leben bewahren konnten. Die Ratschläge unserer tschechischen und russischen Freunde haben uns sehr geholfen, es zu finden. Auch unsere Sprachkenntnisse, die tschechoslowakischen Pässe und unsere solide Ausrüstung erwiesen sich als überaus hilfreich. Nur so konnten wir fernab der Städte, in den entlegensten Winkeln des Riesenreichs das aufspüren, was mich seit Jahren zu der strapaziösen Expedition getrieben hatte: die Begegnung mit aufgeschlossenen, gastfreundlichen Menschen in einer noch gesunden Umwelt, mit Natur- und Kulturdenkmälern, die mehr als siebzig Jahre kommunistischer Herrschaft überstanden haben.

TATRA
TATRA

# UKRAINE

*Seite 15:* *An der slowakisch-russischen Grenze bei Uschgorod. Leosch Schimanek, Lumír Pecold, Lenka Jirásková und der Hund Koyuk, ein alaskischer Malemute, waren die Teilnehmer der halbjährigen Expedition quer durch die Sowjetunion. Ohne größere Pannen kamen sie mit dem Geländelastwagen Tatra 815 4x4 überall durch.*

*Seiten 16/17:* *Die Holzkirche im Dorf Deutsch-Mokra in der Karpato-Ukraine.*

*Seiten 18/19:* *Der Pferdewagen ist immer noch das übliche Transportmittel im Mokranka-Tal/Karpato-Ukraine.*

*Seite 20:* *Ein Haus in Deutsch-Mokra. Im Mokranka-Tal ließen sich Tiroler Familien nieder, welche die österreichische Kaiserin Maria Theresia um 1770 in die Waldkarpaten abgeschoben hatte.*

*Seite 21:* *Eine deutschstämmige Bäuerin aus Deutsch-Mokra.*

*Seiten 22/23:* *Die Festung Kamenez-Podolskij aus dem 14. Jahrhundert schützte die Stadt Kamenez, gegründet vor elf Jahrhunderten auf einem schmalen Felsplateau, von allen Seiten umgeben vom Smotritsch-Fluß. Die Festung hat elf Türme und hielt dem Ansturm von Türken, Moldauern und Kosaken stand.*

*Seiten 24/25:* *Die Pußtabrunnen in der Moldauischen Sowjetrepublik sehen genauso aus wie in Ungarn oder in den rumänischen Niederungen.*

*Seite 26:* *Ein moldauischer Junge versorgt Kühe aus dem Pußtabrunnen am Pruth-Fluß, der in die Donau mündet.*

# KRIM

*Seiten 28/29:* *Die Schwarzmeerküste auf der Halbinsel Krim.*
*Das Anbaugebiet der Traubensorte, aus welcher der bekannte Krimsekt hergestellt wird.*

*Seiten 30/31:* *Felsformationen über der mittelalterlichen Stadt Bachtschisarai auf der Krim.*

*Seiten 32/33:* *Die mittelalterliche Festung Sudak an der Schwarzmeerküste auf der Halbinsel Krim.*

*Seite 34:* *Ein Gebäude des Palast-Komplexes, den der tatarische Chan Saib Girej im Jahre 1519 in Bachtschisarai gebaut hat.*

*Seite 35:* *Bachtschisarai auf der Halbinsel Krim war der Sitz der tatarischen Chane, gegründet 1455 vom Chan Azi Girej. Der Palast mit den Moscheetürmen ist noch gut erhalten.*

*Seite 36:* *Die Schwarzmeerküste an der Ostseite der Krim.*

# Die Vorbereitungen

Schneller ist es mir bisher noch nie gelungen, eine Expedition vorzubereiten.
Anfang Januar 1990 hatte ich erfahren, daß der neue tschechoslowakische Präsident Václav Havel allen politischen Gefangenen die Freiheit zurückgegeben habe. Das bedeutete, daß ich jetzt – nach 21 Jahren – in mein Heimatland zurückkehren konnte, ohne befürchten zu müssen, als Staatsfeind verhaftet zu werden. Ich war kein Dissident mehr in der neuen, demokratischen Tschechoslowakei. Meine Freude ließ sich kaum beschreiben.
Noch im selben Monat reiste ich mit meinem kanadischen Paß nach Prag, den tschechoslowakischen bekam ich gleich nach meiner Ankunft zurück.
Bei Interviews mit dem Prager Rundfunk und mit Zeitungen wurde ich in jenen Tagen immer wieder gefragt, wohin die nächste Reise gehen solle. Ich wußte es nicht. Da schlug mir Irena Zítková, meine Lektorin und tschechische „Managerin", vor, einmal nicht nach Westen, sondern nach Osten zu fahren und das Land kennenzulernen, das ich fast ein Vierteljahrhundert nicht hatte betreten dürfen: die Sowjetunion. Sie, die Rußlandkennerin, war davon überzeugt, daß ich in dem Vielvölkerstaat viel Interessantes entdecken und erleben konnte.
Ihre Idee begeisterte mich. Russisch habe ich acht Jahre lang in der Schule gelernt, und auch beim Abitur wurde ich in diesem Fach geprüft. Damals habe ich die russische Sprache gehaßt, wie alles, was mit dem uns aufgezwungenen kommunistischen System zusammenhing. Der große Nachbar im Osten hatte mich, als ich noch in der Tschechoslowakei lebte, nie angezogen. Später allerdings wurde ich manchmal das Gefühl nicht los, eine Chance verpaßt zu haben.
Allein durch die Sowjetunion zu ziehen, war undenkbar. Aber einer Reisegesellschaft wollte ich mich auf keinen Fall anschließen. Irena riet mir, mich an die Prager Jugendorganisation CKM zu wenden. Viele ihrer Mitglieder besitzen nicht nur ausgezeichnete Kenntnisse über die UdSSR, sie kennen auch genug Leute, die das Land „halb privat" bereist hatten. So lernte ich Lumír Pecold aus Friedek-Mistek kennen, der seit über zwanzig Jahren Expeditionen organisierte und die Sowjetunion mit dem Lastwagen kreuz und quer durchstreifte.
Ich wollte von den Karpaten bis zum Baikalsee die Südgrenze entlang fahren. Als Lumír von meinem Vorhaben erfuhr, entschloß er sich mitzukommen. Einen ortskundigeren Begleiter hätte ich mir nicht wünschen können. Sein Arbeitgeber bewilligte ihm sechs Monate unbezahlten Urlaub. Auch Lumírs Frau erhob keine Einwände. Sie hatte sich an das unstete Leben ihres Mannes inzwischen gewöhnt.
In meinem Geburtsort Chotzen machte ich kurz darauf die Bekanntschaft einer jungen Frau: Lenka Jirásková. Ich erzählte ihr von der geplanten Reise. Sie hörte

aufmerksam zu, überlegte eine Weile, und dann stand auch für sie fest: Dieses Abenteuer wollte sie sich nicht entgehen lassen. An freier Zeit fehlte es ihr nicht. Sie hatte ihre Stelle durch die Rationalisierung in der Wirtschaft verloren und war jetzt arbeitslos. Den vierjährigen Sohn würde ihre Mutter versorgen.
Nun waren wir also zu dritt, oder genauer: zu viert, denn mein Hund Koyuk, ein alaskischer Malemute, durfte uns natürlich auch begleiten. Das genügte. Für mehr Mitreisende hätte ein Wagen ohnehin nicht gereicht.
Lumír hatte mich schon bei unserer ersten Begegnung vor den katastrophalen Straßenverhältnissen gewarnt, besonders in Sibirien. Damit war klar, daß wir einen robusten Lastwagen brauchten. Leider war Lumírs eigener Laster nicht einsatzfähig. Ich überlegte, ob ich meinen Daimler-Benz-Unimog von Kanada nach Europa herübertransportieren lassen sollte. Doch jeder, der sich in der UdSSR halbwegs auskennt, riet mir ab, als er das Alter meines Fahrzeugs erfuhr. Ich hätte – mangels Mercedes-Vertretungen – zu viele Ersatzteile mitnehmen müssen.
Da fiel mir die tschechische Firma Tatra ein. Ich erinnerte mich an ihre Erfolge bei der internationalen Rallye Paris–Dakar. Bei den Sahara-Durchquerungen hatten Tatra-Lastwagen nicht nur einmal das Rennen in der Lkw-Klasse gewonnen. Sie erwiesen sich als überaus geländegängig und überwanden auch unwegsamstes Terrain mühelos. Kurz entschlossen fuhr ich nach Nesseldorf in Nordmähren, wo die Firma Tatra ihren Sitz hat. Und ich hatte Glück. Der Generaldirektor interessierte sich sehr für unser Vorhaben und versprach, für einen Leihwagen zu sorgen. Im April, zwei Monate nach meiner Vorsprache in Nesseldorf, sollten wir einen Tatra-815-4x4-Kastenwagen für ein halbes Jahr bekommen.
Der Generaldirektor hielt Wort. Zum vereinbarten Zeitpunkt stand das Auto bereit. Doch zu unserer Überraschung war es kein ausgemusterter Rallye-Veteran, sondern ein nagelneuer Wagen mit einem staubdichten, wärmedämmenden Aluminium-Aufbau, den die Firma Karosa in Hohenmaut auf das Fahrgestell des 408 PS starken Achtzylinders montiert hatte. Ein besseres Transportmittel als diesen Super-Camper mit 16 Tonnen zulässigem Gesamtgewicht, mit Allradantrieb und Differenzialsperren in beiden Achsen hätten wir kaum bekommen können. Wichtig war auch, daß der Lastwagen mit Dieselkraftstoff betrieben wurde, weil in der UdSSR Benzin nicht überall zu haben ist. Und selbst wenn Dieselöl an den Tankstellen knapp würde, hatten wir nichts zu befürchten, denn unser Tatra besitzt fünf Tanks mit insgesamt 1200 Liter Fassungsvermögen und eine maximale Reichweite von 3000 Kilometer. Technisch waren wir jetzt so gut ausgerüstet, daß wir die Fahrt durch das größte Land der Erde wagen konnten.

# Der Start

1. Mai 1990. Zum ersten Mal in der tschechoslowakischen Nachkriegsgeschichte müssen die Nesseldorfer Bürger nicht unter kommunistischen Parolen auf die Straße. Jeder kann tun, was er will. Einige sind wohl ins Grüne gefahren, aber die meisten sind im Ort geblieben. Sie drängen sich auf dem Platz vor der Fabrik und warten auf den neuen Expeditions-Tatra, denn die Nachricht von unserer bevorstehenden Rußlandreise hat sich wie ein Lauffeuer in dem kleinen Ort verbreitet. Als wir auf den Platz hinausfahren, sind wir sofort von Neugierigen eingeschlossen. Die Nesseldorfer wollen sehen, wie wir den Wagen für die große Tour ausgestattet haben. Der eine oder andere scheint jedoch enttäuscht von der spartanischen Einrichtung zu sein. Man hatte wohl mehr Komfort erwartet. Wir dagegen legten allein Wert auf das Praktische. Für uns waren Fahrtüchtigkeit und Funktionsfähigkeit entscheidend.

Auch ein Prager Fernsehteam ist angereist. Für die Direktübertragung sorgt die Rundfunkstation in Ostrau. Warum es mich gerade nach Rußland ziehe, werde ich gefragt. Die Menschen hier sind offenbar überfüttert worden mit den propagandistisch eingefärbten Berichten aus dem „Bruderland" und möchten lieber etwas über Kanada, Südamerika oder die Südsee erfahren, wo ich viele Jahre verbracht habe.

Doch mich hat eben das Fremde immer gelockt. Und fremd ist mir das Riesenreich im Osten. Ich möchte

das Land und seine Menschen kennenlernen und – frei von allen Vorurteilen – Eindrücke sammeln und weitergeben.

In einem Tag erreichen wir die sowjetische Grenze, die Karpato-Ukraine. Im letzten slowakischen Dorf erwartet uns Marie Divišová, eine Bekannte von Lumír. Sie ist bei der CKM-Organisation in Prag angestellt und will uns bei der Erledigung der Grenzformalitäten und der Zollabfertigung helfen. Den Aufbau unseres Lastwagens haben wir in Nesseldorf vom tschechischen Zoll verplomben lassen, und Marie soll den Russen erklären, daß es unnötig sei, den Inhalt ein zweites Mal zu kontrollieren. Aus gutem Grund, denn die russi-

schen Zöllner sollen nicht erfahren, wie viele Geschenke, Wodkaflaschen und Lebensmittel wir dabeihaben. Da Marie sich in der UdSSR auskennt, weiß sie, wie man mit den sowjetischen Beamten umgehen muß. Mit einigem Geschick gelingt es ihr, sie von den Plomben fernzuhalten. Nur das zermürbende Warten auf die Ausreisepapiere kann auch Marie uns nicht ersparen. Stunden vergehen, ehe wir das letzte, wichtigste Papier – die „Marschroute" – ausgehändigt bekommen, ein Blatt, auf dem unsere Fahrtstrecke bis zum Baikalsee genau vermerkt ist. Ohne ein solches Dokument kann kein Ausländer eine der zahllosen Polizeikontrollen in der UdSSR passieren.
Endlich fahren wir los. An der letzten Schranke prüft

ein Grenzsoldat mißtrauisch ein Papier nach dem anderen, um endlich triumphierend festzustellen, daß eines fehle.
Lenka und ich sind ratlos. Lumír schickt Marie zurück ins Zollhaus. Wir warten wieder. Als sie zurückkommt und dem Soldaten das verlangte Blatt überreicht, ist der Weg in die UdSSR für uns frei.
Die Schranke steht offen. Lumír startet den Motor, aber der Wagen rührt sich nicht vom Fleck. Wir blokkieren den gesamten Grenzverkehr. Lumír und ich stürzen aus dem Führerhaus und suchen nach dem Schaden. Es dauert einige Zeit, bis wir entdecken, daß aus der Hydraulik die Preßluft entweicht. Der Schlauch für die Anhängerbremsen hat einen Riß. Leider ist der Reserveschlauch nicht sofort greifbar, vielmehr tief unter den Ersatzteilen, die wir dabeihaben, vergraben.
Wir arbeiten im Hupkonzert der wartenden Autoschlange. Und je länger wir brauchen, desto mehr wächst die Angst, die Zöllner könnten sich für unseren verplombten Aufbau doch noch interessieren und gar ihren Durst mit unserem Wodka löschen.
Aber die Furcht ist unnötig. Die Grenzsoldaten schauen uns amüsiert bei der schweißtreibenden Arbeit zu und lassen uns schließlich unbehelligt abfahren.
In Uschgorod verabschieden wir uns von Marie, die uns ein Stück begleiten wollte. Sie kehrt zurück nach Prag. Wir fahren weiter in Richtung Waldkarpaten.

# *Die Ukraine*

Vor uns liegen die Südhänge der Waldkarpaten. Einige ihrer Gipfel sind bis zu 2000 Meter hoch. Vor dem Zweiten Weltkrieg gehörte das Land hier zur Tschechoslowakei. Auf den Bergkämmen verlief die Grenze zu Rußland. Die Dörfer in der Karpato-Ukraine erinnern mich an die Dörfer meiner Heimat vor vierzig Jahren. Es ist, als wäre die Zeit hier stehengeblieben. Überall das gleiche Bild: Schlammige Schotterstraßen mit Wasserpfützen, in denen sich Schweine suhlen und Gänse planschen, Häuser mit Schindeldächern, Gemüsegärten, umgeben von Zäunen aus roh gezimmerten Holzplanken. Aber die Leute machen einen zufriedenen Eindruck. Strahlend winken sie uns zu. Statt Autos begegnen wir Pferdewagen mit Holzrädern. Auf der Straße treiben halbwüchsige Burschen Kühe vor sich her. Wir müssen uns ihrer Gangart anpassen und fahren im Schrittempo. Aber wir haben ja keine Eile. Die blühenden Wiesen und Obstbäume, die grünenden Buchen an den Berghängen nehmen unseren Blick gefangen. Der Frühling hat begonnen.

Wir folgen dem Flüßchen Mokranka, bis wir auf ein Dorf stoßen, das sich von den anderen Ortschaften unterscheidet. Die Bewohner haben ihre Häuschen blitzblank herausgeputzt, Türen, Fensterrahmen und Läden sind kunstvoll geschnitzt, die Vorhänge von strahlendem Weiß. In den Vorgärten leuchten Blumen in allen Farben. Mitten im Dorf entdecken wir eine herrliche alte Holzkirche mit einem spitzen Dach.

Wir möchten weiter nach Kolotschawa. Ich hätte hier gern etwas über den Zustand der Straße erfahren, die durch die Berge führt. Vor einem der Häuser steht eine alte Frau. Lumír hält an. Ich spreche sie auf russisch an, aber sie versteht mich nicht. Ich bin etwas verdutzt und versuche es auf slowakisch, das dem Ukrainischen sehr ähnlich ist. Aber sie schaut mich nur verständnislos an. Und dann spricht sie plötzlich Deutsch mit Tiroler Akzent. Ich staune, denn wie eine Touristin aus Österreich sieht die Frau nicht gerade aus.

Sie erzählt, daß ihr Dorf, heutiges Komsomolsk, früher Deutsch-Mokra geheißen habe und daß noch andere

Menschen deutscher Abstammung im Dorf leben. Als ich mehr über die Bewohner wissen will, meint sie, ich solle lieber den Pfarrer fragen. Den ganzen Nachmittag verbringen wir im Pfarrhaus. Der Pfarrer schildert die Geschichte des Dorfes so: In den siebziger Jahren des 18. Jahrhunderts hat Kaiserin Maria Theresia dreizehn Familien aus Tirol hierher zwangsweise umgesiedelt. Sie sollten der hiesigen Bevölkerung Ackerbau, Viehzucht und die Holzfällerei beibringen und auch den katholischen Glauben verbreiten.
Die Tiroler sind damals unter der Flagge des Doppeladlers ins Mokranka-Tal gezogen und haben, unweit der Grenze der Ukraine, das Dorf Deutsch-Mokra gegründet. Ihre Sprache haben sich einige alte Leute bis

heute bewahrt. Der Name „Mokra" ist slawisch und bedeutet „naß", was wohl mit den vielen Sümpfen in den Waldkarpaten zusammenhängt.
1931 soll Deutsch-Mokra mehr als 500 Einwohner gehabt haben. Den Zweiten Weltkrieg aber haben nur wenige der Deutschstämmigen überlebt.
Wie deren Nachkommen Sitten und Gebräuche pflegen, erleben wir im Kreis einer Familie. Lieder werden gesungen, deren Strophen kein Ende nehmen; es wird gejodelt und getanzt. Die Männer verstehen sich aufs Schuhplatteln, lassen beim Tanz die Hände rhythmisch auf Oberschenkel und Sohlen klatschen. Und die Kinder heißen Agnes, Sepp und Poldi, grad wie in Tirol.

Unser nächstes Ziel heißt Kolotschawa. In diesem Dorf ist im Jahre 1898 der letzte Räuber der Waldkarpaten geboren worden: Nikola Schuhaj, „der Unverwundbare", wie man ihn nannte, weil er in den zwanziger Jahren droben auf dem Paß einen Haufen Polizisten besiegt haben soll. Trotz seiner Unverwundbarkeit wurde er jedoch später, von seinen Kumpanen verraten, noch in jungen Jahren getötet. Sein Ruf als eine Art Robin Hood der Karpaten aber ist ihm geblieben. Noch heute lebt er in den Geschichten der Einheimischen fort, die wahre Wunderdinge über ihn erzählen. Auch ich habe in meiner Jugend von diesem wilden Gesellen gelesen und war von seinem abenteuerlichen Leben beeindruckt.

Sollten wir die Hauptverkehrsstraße in die Ukraine benützen oder über den Räuber-Paß fahren? Der Pfarrer von Deutsch-Mokra befürchtet, daß unser Auto auf den steilen und engen Wegen abrutschen oder im Schlamm steckenbleiben könnte. Früher haben die Einheimischen den Paß mit Pferdewagen überquert, und ich meine, was die geschafft haben, müßte unser modernes Geländefahrzeug auch bewältigen. Lumír stimmt mir zu. Nur Lenka schaut skeptisch drein. Sie, wie die meisten Frauen, ist etwas ängstlicher, dennoch gibt sie nach.

Schon vor dem eigentlichen Aufstieg zum Paß wird uns klar, auf was für ein Abenteuer wir uns da eingelassen haben. Was früher ein Weg war, ist nur noch ein steiniges Bachbett. Den überall verstreut liegenden Felsblöcken können wir zwar ausweichen, doch ständig laufen wir Gefahr, in einem der vielen tiefen, vom Wasser ausgewaschenen Löcher hängenzubleiben. Mit heulendem Motor kämpft sich der Tatra langsam den Berg empor.

Nach etwa einem Kilometer verläßt der Weg die Talsohle und steigt den Hang hinauf. Er ist jetzt gerade so breit wie unser Wagen. Wir klettern höher. Immer wieder steige ich aus und räume Felsbrocken zur Seite, die in die Tiefe donnern. Lumír sitzt am Steuer. Er darf jetzt keine Handbreit vom Weg abweichen, sonst ist die Reise zu Ende, noch ehe sie richtig begonnen hat. Plötzlich höre ich das Geräusch rollender Steine. Einen Augenblick lang bleibt mir fast das Herz stehen vor Angst. Unter dem linken Hinterrad ist ein Stück der Böschung abgerutscht. Lumír reagiert geistesgegenwärtig. Er gibt Vollgas. Die Räder greifen und schleudern Steine durch die Luft. Der Wagen steht wieder auf festem Boden. Der Weg zurück ins Tal bleibt uns versperrt, wir müssen die gefährliche Strekke hinter uns bringen, koste es, was es wolle. Im Schrittempo schleichen wir vorwärts. Und bei jedem Knirschen, bei jedem Schlag gegen die Radkappen zucke ich zusammen. Vor uns sehe ich die Paßhöhe, fast schon in greifbarer Nähe, scheint es.

Der Weg wird wieder etwas breiter. Er führt in einen dichten Eichenwald, einem Urwald ähnlich. Kreuz und quer liegen gestürzte Bäume. Niemand kümmert sich darum. Sie bleiben liegen, bis sie vermodern.

Vor einigen Tagen hat es kräftig geregnet. Das Auto versinkt bis zu den Achsen im Schlamm. Alle paar Meter müssen wir aussteigen und die auf dem Weg liegenden Baumstämme mit einem Seil zur Seite ziehen. Dreck klebt an unseren Händen, in den Gesichtern, an der Kleidung.

Alle Anstrengungen und Gefahren sind vergessen, als wir endlich oben auf dem Paß stehen. Wir blicken über das weite, offene Land. Auf fernen Hügeln grast eine Schafherde. Die Bewegungen der Tiere können wir nicht wahrnehmen. Es scheint, als seien sie versteinert. Zwischen blühenden Wiesen glänzt ein Fluß. An sei-

nem Ufer liegen ein paar verstreute Häuser, umgeben von den hellen Streifen der Felder. Dahinter entdecke ich ein Dorf mit zwei Kirchtürmen. Das muß Kolotschawa sein.
Wir ruhen uns noch eine Weile aus, ehe wir aufbrechen. Erst gegen Abend erreichen wir das Dorf. Leider sieht Kolotschawa aus der Nähe nicht sehr einladend aus. Die zerfallenen Holzhäuser künden von der Armut ihrer Bewohner. Statt mit Schindeln decken die Dörfler heute die schadhaften Dächer mit Welleternit. Das ist billiger und haltbarer. Eindrucksvoll ist in Kolotschawa nur die alte, zweitürmige Holzkirche. Ich frage mich, warum es auf der anderen Seite des Berges, in Deutsch-Mokra, den Menschen gelungen ist, den Charakter ihres Dorfes zu erhalten.
Verständigungsschwierigkeiten gibt es nicht. Ukrainisch verstehen wir recht gut. Besonders von den alten Leuten hören wir nur Klagen über das Regime. Einige träumen noch von der österreichisch-ungarischen Monarchie, andere denken wehmütig an die Zeit, als das Land noch zur Tschechoslowakei gehörte. Vergebens suchen wir nach dem Grab von Nikola Schuhaj. Der alte Friedhof ist von Himbeersträuchern überwuchert. Die Einheimischen pflegen eben die Erinnerung an ihren Helden auf ihre Art.
Wir verlassen die Waldkarpaten, fahren hinunter zum Fluß Dnjestr und weiter über die Wolyn-Platte, eine ehemalige Grassteppe. Tagelang sehen wir nichts anderes als endlose, eintönige Getreidefelder. Mit ihren fruchtbaren Schwarzerdeböden gilt die Region als die größte Kornkammer der Welt. Warum die Russen dennoch Weizen in Kanada zukaufen müssen, wird mir erst im Herbst klar, als ich miterlebe, wie verschwenderisch die Leute mit der reichen Ernte umgehen.
Das nächste Dorf, in dem wir Rast machen wollen, ist bekannt durch seine Tropfsteinhöhlen. Lumír war mit einigen Höhlenforschern schon öfters hier. Die Männer haben sich angefreundet, und Lumír freut sich darauf, alte Kameraden nun wiederzutreffen.
Ein Zeltlager am Fuß eines Felsens, der wie ein Emmentaler Käse durchlöchert ist, verrät, daß sie schon angekommen sind. Die Wiedersehensfreude ist auf beiden Seiten groß.
Am anderen Morgen nimmt uns einer von Lumírs Freunden mit in die Kristalnaja-Höhle. Fast den ganzen Tag verbringen wir in diesem Labyrinth von Gängen, in denen wir uns manchmal nur kriechend fortbewegen können, ehe wir zu einem der vielen Säle gelangen. Dort erwartet uns eine wahre Wunderwelt. Im Licht unserer Karbidlampen glitzern Millionen von Kristallen weiß oder gelblich.
Abends grillen wir über der Glut des Lagerfeuers Schaschlik-Spieße und trinken Moldauer Weißwein. Beim Abschied verabreden wir uns mit Lumírs Freunden fürs nächste Jahr. Sie versprechen, zum Höhlenforschertreffen in die Tschechoslowakei zu kommen.

# *Krim*

Die Geschichte der fast 27 000 Quadratkilometer großen Halbinsel Krim ist sehr bewegt. Das hängt zweifellos mit ihrer strategischen Lage im nördlichen Schwarzmeer zusammen, wo sie die Landenge von Perekop mit dem Festland verbindet.

Im Altertum war die Krim von Skythen bewohnt, im 6. Jahrhundert vor Christus legten Griechen hier Siedlungen an. Vom 5. bis zum 2. Jahrhundert v. Chr. war sie Teil des Bosporanischen Reiches und wurde dann von Rom abhängig. Unter byzantinischem Schutz hielten sich einige alte Siedlungen trotz des Einfalls von Goten, Hunnen und Chasaren bis zum Jahr 1000. Danach wurde die fruchtbare Halbinsel Teil des Kiewer Reiches. Nach dem Mongolensturm im 13. Jahrhundert geriet die Krim in den Besitz der „Goldenen Horde", 1449 gründeten die Tataren hier ihren Staat; die Girej-Dynastie hatte in Bachtschisarai ihren Hauptsitz.

Katharina II. von Rußland beendete die räuberische Politik des Krim-Chanats, indem sie ihre Truppen 1771 die Halbinsel besetzen und diese zwölf Jahre später Rußland einverleiben ließ. Schnell verlor die Krim damals ihren orientalischen Charakter. Die Tataren aber konnten sich sogar noch nach der kommunistischen Machtübernahme zunächst behaupten und der sowjetischen Führung 1920 weitgehende Autonomierechte abtrotzen.

Der Krimkrieg (1853–1856) zwischen Rußland und der Türkei, der England und Frankreich zu Hilfe kamen, hinterließ auf der Halbinsel ebenso seine Spuren wie der Zweite Weltkrieg. Von 1942 bis 1944 von den Deutschen besetzt, schlossen sich einige Krimtataren der Wehrmacht an und wirkten bei deutschen Strafaktionen in der Ukraine mit. Nach der Rückeroberung der Halbinsel durch die Rote Armee wurden alle Tataren, damals ein Viertel der gesamten Bevölkerung, von Stalin wegen Kollaboration mit den Deutschen zwangsausgesiedelt und nach Mittelasien verbannt. 1967 zwar offiziell rehabilitiert, dürfen die Krimtataren erst jetzt, im Zeichen von Gorbatschows Perestrojka, in ihre angestammte Inselheimat zurückkehren. An die 20 000 leben inzwischen wieder auf der Krim, rund

300 000 noch in Usbekistan. Die Fahrt zur Krim-Halbinsel verläuft ohne Zwischenfälle. Mit unserem Marschroute-Blatt passieren wir unangefochten alle Polizeikontrollen. Einige Milizposten wundern sich zwar, warum wir direkt an der rumänischen Grenze entlangfahren dürfen, erheben jedoch keine Einwände. Die Route ist genehmigt, da steht es schwarz auf weiß.

Als erstes besuchen wir Bachtschisarai, den einstigen Sitz der tatarischen Chane. Gegründet hat das Chanat 1455 Azi Girej, nachdem er die Krim erobert hatte. Aber schon sein Nachfolger, Mengli Girej, unterlag

der türkischen Übermacht. Der von Chan Saib Girej erbaute Palast, der aus mehreren Gebäuden besteht, ist noch gut erhalten. Er wurde später zeitweise auch von Katharina II. und von Alexander I. bewohnt.

Während wir durch die Gärten und Innenhöfe schlendern, stoßen wir auf einen Springbrunnen, die „Fontäne der Tränen“, die der Chan nach dem Tod seiner Lieblingsfrau von einem iranischen Meister hat bauen lassen. Ein Symbol der Trauer. Eingebettet zwischen fünf Blütenblättern liegt ein Auge, aus dem die Tränen in einen Marmorkelch fließen, der das Herz verkörpern soll. Aber die Tränen stauen sich nicht, sie strömen über den Rand hinaus in andere Kelche. Das bedeutet: Sie erleichtern das Herz des Trauernden. Die „Tränen-Fontäne“ ist von vielen Sagen und Geschichten umwoben. Sie inspirierte einst auch den russischen Dichter Alexander Puschkin zu einem seiner berühmtesten Gedichte.

Nur ein paar Kilometer von Bachtschisarai entfernt liegt Tschufut-Kale, eine mittelalterliche Felsenstadt. Mich faszinieren vor allem die Wege, wo die Wagenräder tiefe Spurrillen in dem Kalkfels hinterlassen haben (Seite 48). Vom 14. bis zum 17. Jahrhundert haben dort überwiegend Juden gelebt, die jedoch später verdrängt wurden. Heute ist die Stadt unbewohnt, obwohl einige Häuser noch recht gut erhalten sind.

Aus dem Krimgebirge, das bis zu 1550 Meter hoch ansteigt, fahren wir hinunter zur Schwarzmeerküste.

Die subtropischen Pinienwälder und die bewaldeten Küstenberge erinnern mich an die Riviera. Ein paarmal zelten wir direkt am Wasser, was natürlich verboten ist. Es gibt keinen individuellen Tourismus und deshalb auch keine Campingplätze. Die Badeorte an der Küste interessieren uns wenig. Sie haben keinen Charme, kein Flair. Für so einen Faulenzerurlaub am Strand mit einem miserablen Service müssen die Russen verhältnismäßig tief in die Tasche greifen.

Reizvoller ist der östliche Teil der Halbinsel, die kaum bebaute Südküste mit ihren menschenleeren Stränden und den von Reben bewachsenen Hängen. In der alten Festung Sudak, die in einer malerischen Bucht liegt, halten wir an. Früher war dort eine griechische Kolonie, die später von den Genuesern erobert wurde. Die gezackte Festungsmauer mit den vielen Türmen, deren Reste wir von allen Seiten fotografieren, stammt aus jener Zeit.

Als wir gerade wieder losfahren wollen, versperrt uns ein schwarzer Wolga den Weg. Zwei Männer springen aus dem Wagen und verlangen unsere Pässe. Sie blättern darin und stecken sie dann wortlos in die Tasche. Unsere Einwände helfen nichts, wir müssen mitkommen. Sie fahren uns zum Polizeigebäude, und ohne ein Wort der Erklärung sperren sie uns ein. Auf unseren lautstarken Protest hin gibt man uns lediglich zu verstehen, daß wir auf den Kommandanten warten müßten.

Den ganzen Nachmittag hocken wir in der Zelle. Gegen Abend werden wir einem Mann vorgeführt, der ununterbrochen Fragen stellt. Vor allem aber möchte er wissen, warum wir nach Sudak gefahren seien, obwohl der Ort zu den verbotenen Zonen gehöre. Wir antworten, daß wir nirgends ein Verbotsschild gesehen hätten, und weisen unsere Marschroute vor, auf der Sudak eingetragen ist.

Der Kommandant traut seinen Augen nicht. Doch wie er das Blatt auch dreht und wendet, die Tatsache läßt sich nicht leugnen: Wir dürfen nach Sudak. Dennoch mustert er uns mißtrauisch. Und als er uns die Pässe zurückgibt, fordert er uns auf, die Stadt sofort zu verlassen.

Erst viel später erfahren wir, warum Sudak so bewacht wird. In der Stadt gibt es ein paar Erholungsheime für hohe Regierungsbeamte. Und die wollen nicht von Touristen gestört werden.

# KAUKASUS

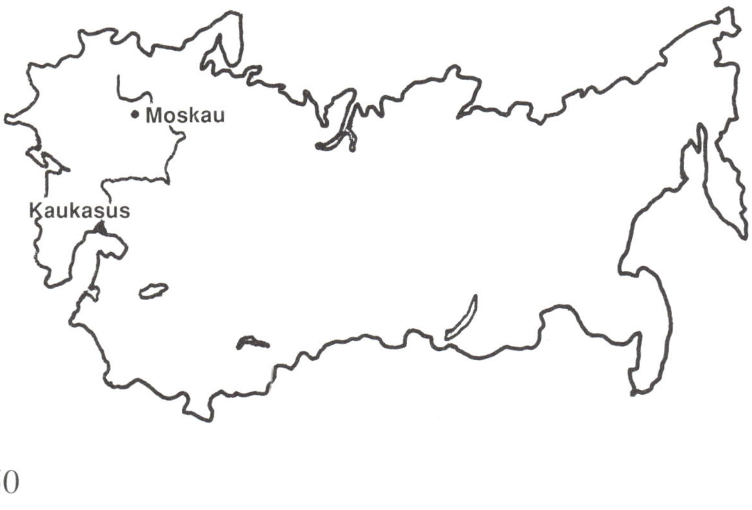

ATOMIC
TOUR
ATOMIC
TOUR

| | |
|---|---|
| *Seiten 50/51:* | *Die letzte Brücke über den Zelentschuk-Fluß im Kaukasus, die unser sechzehn Tonnen schweres Expeditionsfahrzeug getragen hat.* |
| *Seite 52:* | *Das einzige motorisierte Fortbewegungsmittel in den oberen Teilen der langgezogenen Täler des Kaukasus kann nur das Geländemotorrad sein.* |
| *Seite 53:* | *In den Stromschnellen des Zelentschuk im West-Kaukasus.* |
| *Seite 54/55:* | *Das Basislager auf dem Elbrus-Gletscher in einer Höhe von etwa 4650 Meter mit der Aussicht auf den südlicher gelegenen Hauptgebirgskamm des Kaukasus, der auch die Grenze zwischen Europa und Asien bildet.* |
| *Seite 56:* | *Einpacken des Biwakzelts im Sattel zwischen dem 5621 Meter hohen östlichen und dem 5642 Meter hohen westlichen Gipfel des Elbrus, des höchsten Bergs Europas.* |

# WOLGA

METZELER
MERCURY
40
MERCURY
40

*Seiten 58/59:* *Sonnenuntergang am unteren Teil der Wolga zwischen Wolgograd und Astrachan.*

*Seite 60:* *Die Wolga ist stellenweise von kilometerlangen Sandstränden gesäumt, die leider wegen der Wasserverschmutzung durch die Industrie nicht mehr als Badestrände taugen.*

*Seite 61:* *Beim Auspacken der Ausrüstung für die Bootsfahrt auf dem längsten staudammfreien Teilstück der Wolga zwischen Wolgograd und der Mündung ins Kaspische Meer mit einer Länge von etwa 600 Kilometern.*

*Seite 62:* *Auf der Wolga im unteren Teil des Stroms, wo von uns auch die erkennbaren ökologischen Schäden registriert wurden.*

# WESTLICHES MITTELASIEN

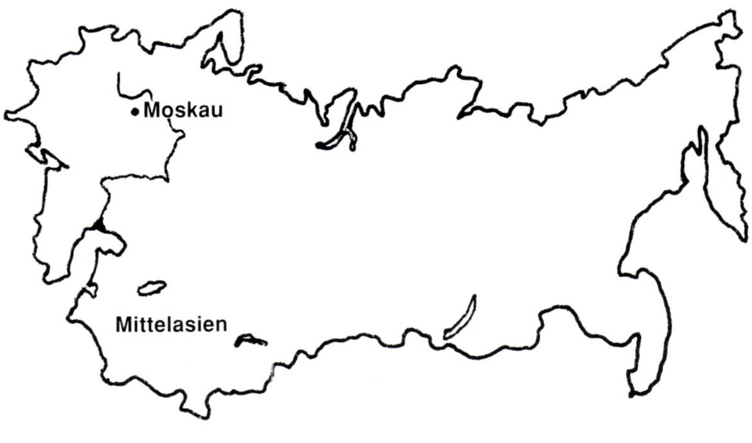

rem Camp zurückzufahren. Wir freunden uns mit Boris an, und er bleibt drei Tage bei uns. Das große Schlauchboot hat's ihm besonders angetan, und er möchte gerne eine Flußfahrt mit uns unternehmen, unterhalb von Archis, wo der Zelentschuk nicht mehr so wild sei, aber voller Schönheit. Lumír hat die Nase voll vom Wildwasserfahren und will den Wagen an unser Ziel Zelentschuskaia fahren.

Wieder stoßen wir den „Mammut“ in die Fluten, und diesmal gibt es keine Zwischenfälle. Lenka, Boris und ich, ja selbst Koyuk ist mit Reepschnur und Karabinerhaken am Boot eingehakt. Keiner kann mehr über Bord fallen. Am dritten Tag erreichen wir die Stelle, wo Lumír wartet. Die 100 Kilometer Wildwasserfahrt haben allen Spaß gemacht, Boris kehrt in sein Dorf zurück, und wir machen uns auf, um dem Elbrus, Europas höchstem Berg, auf den Leib zu rücken.

Den Baksan-Fluß entlang erreichen wir Terskol, den Ausgangspunkt für die Besteigung des 5642 Meter hohen Bergmassivs mit seinem Doppelgipfel, dessen östlicher zwanzig Meter niedriger ist als der westliche. Zwanzig größere und kleinere Gletscher mit einer Fläche von 140 Quadratkilometer haften an dem gewaltigen Bergstock. Ihre Spalten sind bis zu 300 Meter tief. 1829 kam die erste wissenschaftliche Expedition hierher. Keiner der Russen erreichte den Gipfel, nur ihr einheimischer Führer Kilar Chaschikov schaffte den Aufstieg zum niedrigeren Ostgipfel.

Auf einer Wiese am Flußufer bauen wir unser Lager auf und packen alles Notwendige für die Bergtour ein. Auch die Tourenskier nehmen wir mit, um schneller wieder unten zu sein.

Über Nacht hat sich das Wetter verschlechtert, wir brechen dennoch sehr früh auf. Zweitausend Höhenmeter gilt es zu überwinden, um die Berghütte am Elbrus zu erreichen. Sie heißt Prijut 11 (Refugium der Elf) und wurde 1939 an der Stelle errichtet, wo einst der russische Militär-Topograph A. V. Pastuchov mit zehn Kosaken übernachtet hatte.

Schwer beladen steigen wir durch Kiefernwälder aufwärts, die in Felder aus Vulkanstaub übergehen, wo stellenweise Gras und Blumen wachsen. Die glänzenden Lavatürme in allen Größen und Farbschattierungen ziehen unsere Blicke an. Durch die tiefen Kluften der Hänge rauschen Bäche mit dem Schmelzwasser der Gletscher.

An der Ledowaja Basa, der Gletscherbasis, können wir die Skier anschnallen und die Rücken von deren Gewicht entlasten. 1600 Höhenmeter liegen schon hinter uns. Wir tragen eine komplette Hochtourenausrüstung mit, Lebensmittel für eine Woche, Zelte, Schlafsäcke, Isoliermatten, zwei Paar Schuhe – steigeisenfeste Bergstiefel und Spezial-Hochtourenskischuhe –, dazu Seil, Pickel, Steigeisen. Um Gewicht zu sparen, haben wir nur gefriergetrocknete Bergsteigernahrung dabei.

Im Mai ist das Wetter am Elbrus unbeständig. Man muß auf alles gefaßt sein. Im Sommer unternehmen viele die dreitägige Hochgebirgstour zum Gipfel. Jetzt sind wir wohl die einzigen unterwegs.
Das Wetter verschlechtert sich weiter; im Schneetreiben ist nichts zu sehen. Dank Karte und Kompaß finden wir das Refugium der Elf schließlich, das überraschend wie ein riesiger Eisenbahnwagen aus den Wolken auftaucht.
Den Zweiten Weltkrieg hätte die Hütte beinahe nicht überstanden. Doch Wolken entzogen sie dem zielgenauen Blick eines deutschen Piloten, dessen Bombe nur das Heizkesselgebäude nebenan traf. Dessen Ruine ist noch immer zu besichtigen. Das Berghaus selbst diente der Wehrmacht zeitweise als Stützpunkt, Versorgungsflugzeuge mit Kufen landeten auf dem Gletscher davor.
Die Schutzhütte ist dreigeschossig, mit Blechplatten beschlagen und wirkt wie ein Bunker. Wir sind die einzigen in dem riesigen Haus mit mehr als 100 Betten. Und wir haben Zeit, uns an die dünne Luft in 4100 Meter zu gewöhnen, denn draußen schwillt der Schneesturm zum Orkan an und tobt drei Tage lang, als wolle er das alte Gemäuer in Stücke reißen.
Am vierten Tag sehen wir morgens den Elbrus-Gipfel und brechen auf. Wir wissen, daß wir ihn heute nicht erreichen können und nehmen deshalb die ganze Ausrüstung mit. Vielleicht können wir im Sattel zwischen Ost- und Westgipfel das Dreimannzelt aufschlagen und von dort direkt mit den Skiern ins Tal abfahren.
Das Wetter macht uns erneut einen Strich durch die Rechnung. Gegen Mittag schneit es wieder, die Sicht schwindet völlig, und der Wind legt so kräftig zu, daß wir noch vor dem Pastuchowa-Felsen in 4650 Meter Höhe das Zelt aufbauen. Der Schnee ist steinhart. Mit der Schneeschaufel läßt sich nur die Fläche planieren. Mit den Eispickeln hacken Lumír und ich Löcher für die Skier, die wir fest eingraben, um daran das Zelt zu befestigen. Die ganze Nacht über zerrt der Sturm an der Plane. Am anderen Morgen schaut der Gipfel wieder verlockend durch die Wolken.
Skier und Zelt bleiben zurück. Wir wollen die 1000 Höhenmeter, die uns noch vom Gipfel trennen, so schnell hinter uns bringen, daß wir abends in unserem Hochlager zurück sind. Bis zum Sattel zwischen den beiden Spitzen, 5300 Meter hoch, hält das Wetter einigermaßen. Wir sehen noch kurz den Westgipfel, dann nur noch Wolken.
So kurz vor dem Ziel wollen wir nicht aufgeben und steigen, den Blick ständig auf Kompaß und Höhenmesser gerichtet, unentwegt weiter. Wir gelangen schließlich auf die Gipfelhöhe von 5640 Meter, suchen aber vergeblich nach dem Edelstahlobelisken, der hier oben stehen soll. Der Wind wirft uns immer wieder um, doch wie besessen krabbeln Lumír und ich auf allen vieren auf dem Gipfelplateau herum, um den Be-

weis zu finden, daß wir wirklich ganz oben sind auf dem Elbrus. Lenka bringt uns zur Vernunft. Ob uns unser Leben nicht wichtiger sei als das Anfassen eines „Gipfelkreuzes“, fragt sie. Und recht hat sie.

Ohne Kompaß hätten wir das Unternehmen Elbrus nicht überlebt. Mit Mühe schaffen wir den Abstieg hinunter zum Sattel. Das Biwakzelt, das ich auf allen Bergtouren immer dabeihabe, sichern wir zusätzlich mit den Skistöcken und zweifeln trotzdem, ob es dem Orkan standhält. 36 Stunden hocken wir darin, aneinandergequetscht wie Ölsardinen, Lumírs Idee war es gewesen, zur Sicherheit die Schlafsäcke mitzunehmen. In der Nacht sinkt das Thermometer auf minus 20 Grad.

Am vierten Tag unseres „Gipfelsturms“ bessert sich das Wetter, wir packen zusammen und steigen zum Basislager ab. Drunten am Gletscher ist die Schlechtwetterfront vollends abgezogen. Die Sonne lacht. Es ist wie verhext.

Wir haben nicht mehr die Kraft und die Moral, den nun zum Greifen nahen Gipfel ein zweites Mal anzugehen. Auf den Skiern rauschen wir vom Pastuchowa-Felsen zur Gletscherbasis hinunter. Koyuk kann das Tempo kaum mithalten. Er ist der einzige, den die Bergtour bis zuletzt begeistert hat. Ihm macht die Kälte nichts aus, er liebt den Schnee, den er zum ersten Mal in seinem Hundeleben genossen hat.

Wir dagegen genießen die Aussicht und bedauern nur, nicht auch auf die andere Seite des Elbrus schauen zu können. Der Blick vom Gipfel muß überwältigend sein. Und doch sind wir froh, daß uns das Grün wieder umarmt und wir der Region von Eis und Schnee heil entronnen sind. Gute Ausrüstung und reichlich Proviant haben uns dabei geholfen, die Zahl der vielen am Elbrus ums Leben gekommenen Bergsteiger nicht zu vergrößern.

# Wolga

„Matjuschka Wolga-Kormiliza" – „Mütterchen Wolga – die Ernährerin" – nennen die Russen liebevoll den längsten Fluß Europas. Er entspringt in den Waldaihöhen und mündet nach 3688 Kilometern ins Kaspische Meer. Früher floß das Wasser von der Quelle bis zur Mündung in etwa dreißig Tagen, heute braucht es eineinhalb Jahre. Ursache dafür ist der Ausbau der Wolga zu einer Kaskade von neun Staudämmen. Diese dienen neben der Energiegewinnung auch für die Bewässerung der Gebiete am Mittel- und Unterlauf.
Einst gehörte die Wolga zu den fischreichsten Strömen der Erde. Viele Bewohner am Fluß lebten vom Fischfang. Sie fingen unter anderem den bis zu 100 Kilogramm schweren Stör, der den wohlschmeckenden Kaviar liefert. Heute haben die in den Strom geleiteten ungeklärten Abwässer der Städte und der Industrie, haben Öl und Dieseltreibstoff aus den Schiffen fast alles Leben getötet. Und wer den Sonnenuntergang an der Wolga nicht durch den Dunstschleier rauchender Schlote betrachten möchte, der muß lange suchen, bis er einen solchen unverdorbenen Blickwinkel findet.
Obwohl das „Mütterchen Wolga" nicht allzu einladend wirkt, entschließen wir uns zu einer Bootsfahrt. Die 600 Kilometer von Wolgograd, dem früheren Stalingrad, bis zum Mündungsdelta bei Astrachan wollen wir auf dem Wasserweg zurücklegen. Auf dieser Strecke, der einzigen ohne Staustufen, hoffen wir, noch ein Stück unberührter Natur wiederzufinden.
Nicht weit von der gigantischen Leninstatue, die in Wolgograd das Ufer beherrscht, setzen wir die Schlauchboote ins Wasser. Es ist ein sommerlich heißer Tag. Gerne hätten wir gebadet, aber keiner wagt, auch nur einen Fuß in die braune Brühe zu setzen. Ein langer Weg liegt vor uns. Wir starten die 40 PS starken Mercury-Außenbordmotoren. Die Boote gleiten über das ruhige Wasser. Wir erreichen bis zu 30 Kilometer in der Stunde.
Der Schiffsverkehr nimmt ständig zu. Bald wundern wir uns nicht mehr, warum der Fluß so verschmutzt ist. Frachter ziehen breite Ölspuren hinter sich her. Zwischen den über Bord gekippten Abfällen schwimmen die Kadaver der beim Transport verendeten Tiere. Und aus den unzähligen Abflußrohren am Ufer strömen gelblichbraune Industrieabwässer.
Immer wieder sehen wir inmitten der Dörfer Kirchtürme aufragen. Sie wirken hübsch aus der Ferne. Hier und da gehen wir an Land, um uns die Kirchen anzuschauen. Und jedesmal werden wir enttäuscht. Sie sind meist seit Jahrzehnten geschlossen, die Dächer durchlöchert, und die verrosteten Kreuze auf den Kuppeln hängen schief oder sind längst heruntergefallen.
In einem der Dörfer wohnen ein paar Wolgadeutsche. Sie klagen über die schlechte Versorgung. Es fehlt offenbar an allem, was man zum Leben braucht. Ein alter Mann bringt die ganze Not auf einen Nenner: „Do ist nix hinne und vorne!"

Es gibt auch freundlichere Bilder bei dieser Flußreise: langgezogene Sandstrände, dichte Wälder, ruhige Seitenarme, in denen das Wasser noch sauber ist, so daß wir auch mal baden können, nachdem wir abends das Zelt aufgeschlagen haben. Hin und wieder entdecken wir eine Schafherde, die an den Fluß zur Tränke kommt. Wenige Kilometer vor Astrachan locken weißschimmernde Dünen zum Sonnenbaden. Doch in der Stadt ist es mit der Wolga-Romantik vorbei. Rostige Kähne dümpeln in einem schmutzigen Hafen. Aus zahllosen Schornsteinen wälzen sich stinkende Rauchwolken und verpesten die Luft.

Außer der Festung, dem Kreml, hat Astrachan heute nicht mehr viel zu bieten. Wirklich sehenswert ist nur die Maria-Himmelfahrts-Kathedrale aus dem 18. Jahrhundert. Von 1475 an war Astrachan der Sitz der tatarischen Chane. Jarugurtschej, der letzte von ihnen, wurde von dem russischen Zaren Iwan IV. vertrieben. 1564 versuchte der türkische Sultan Salim zusammen mit den Krimtataren, die Stadt zu erobern, aber ohne Erfolg. Sie blieb unter russischer Herrschaft. Vor der Oktoberrevolution gab es in Astrachan drei Klöster, viele Schulen und Märkte. Vom Iran, aus Mittelasien und dem Kaukasus reisten die Kaufleute an. Es wurde gehandelt und gefeilscht. Leider ist von dem einst so quirligen Leben dieser Vielvölkerstadt kaum mehr etwas übriggeblieben.

Bevor wir unser Auto bei Wolgograd abholen, fahren wir noch von Astrachan auf dem östlichen Flußarm durch das riesige Delta mit einer Fläche von fast 20 000 Quadratkilometern. Auf den vielen kleinen und größeren Inseln leben noch unzählige Vogelarten, darunter auch die selten gewordenen Seeadler, Reiher, Pelikane und Flamingos. Sie alle sind durch die verschmutzte Umwelt genauso bedroht wie der herrliche kaspische Lotos, dessen rosafarbene Blüten noch in dichten Teppichen am Ufer zu sehen sind.

Die Leute nennen das Kaspische Meer das „Sterbende Meer“, denn der größte Binnensee der Erde droht auszutrocknen. Es verdunstet mehr Wasser, als hineinfließt. Mit der kleiner werdenden Wasseroberfläche verringern sich auch die Niederschläge, die Temperaturen steigen, der Boden versandet.

Die Schuld daran trägt auch hier der Mensch. Während er versucht, die Natur zu manipulieren, merkt er nicht, daß er sie dabei zerstört. Die Russen haben den Ural abgeholzt, die Wälder an der Wolga gerodet, und sie haben den Wolga-Moskau-Kanal gebaut. Seitdem führt der Strom viel weniger Wasser als früher, und der Wasserstand des Kaspischen Meeres sinkt von Jahr zu Jahr.

# *Westliches Mittelasien*

Mittelasien hat keinen Zugang zu den Ozeanen. Im Süden wird es vom Pamir, einer gewaltigen Bergkette, begrenzt. Man nennt das Gebirge auch das Dach der Welt. Die Gipfel ragen bis zu 7500 Meter empor. Im Pamir entspringt einer der beiden großen Ströme Mittelasiens, der Amudarja, der in den Aralsee mündet. Nach Westen erstreckt sich das Land bis zum Kaspischen Meer und an der Gebirgskette Kopet-Dag entlang. Die östliche Grenze bildet der Tienschan, das „Himmelsgebirge“ mit dem 7439 Meter hohen Pik Pobedy. Die Steppengebiete im Norden gehen in die sibirische Taiga über. Der zweite große Strom, der Syrdarja, entspringt im Ferganatal. Er fließt durch das mittelasiatische Tiefland und mündet ebenfalls in den Aralsee. Andere Flüsse, wie etwa der Serawschan, versickern in den Wüsten Karakum und Kysylkum, in deren Innerem fruchtbare Oasen entstanden sind.

Nach der Überquerung des Ural-Flusses fahren wir zuerst nach Nordosten, folgen eine Zeitlang der Hauptstraße und biegen dann nach Südosten ab. Diese Richtung behalten wir fast 1500 Kilometer bei. Nachdem wir die Bodensenke um das Kaspische Meer hinter uns gelassen haben, gelangen wir zum Ustjurtplateau, das allmählich in die Wüste Karakum übergeht.
Die Straße wird immer schlechter. Für 300 Kilometer brauchen wir einen ganzen Tag. Die wenigen Dörfer liegen viele Meilen weit voneinander entfernt. Es dauert lange, bis wir endlich eine Tankstelle finden. Aber der Kraftstoff ist rationiert. Wir müssen zwei Flaschen Wodka herausrücken, denn nur „Wer gut schmärt, der gut fährt“.
Ohne Coupons der staatlichen Betriebe kann man hinter dem Ural überhaupt nicht mehr tanken. Deshalb sind wir froh, daß wir uns in Baku reichlich mit den unentbehrlichen Gutscheinen eindecken können. Vor der Fähre über das Kaspische Meer stehen die Lastwagen in einer langen Schlange. Die Fahrer langweilen sich und sind nicht abgeneigt, mit uns zu handeln. Sie bekommen am Quartalsanfang die Dieselgutscheine von ihren Betrieben zugeteilt, und wenn sie nicht allzu verschwenderisch mit dem Kraftstoff umgehen, haben sie am Quartalsende noch Scheine übrig, die dann verfallen. Um das zu vermeiden, suchen sie rechtzeitig nach Abnehmern, meist aber ohne Erfolg, denn die Privatautos fahren mit Benzin, und Ölheizungen sind in Rußland selten. So kommen wir den Lastwagenfahrern gerade recht. Es ist schon Juni. Sie können jetzt abschätzen, wieviel Kraftstoff sie noch brauchen. Und wir können es auch. Bis zum Monatsende benötigen wir noch etwa 3000 Liter. Mit einem der Fahrer schließen wir einen besonders günstigen Handel ab. Er mißt dem Wodka offenbar einen noch höheren Wert bei als seine Kollegen und tauscht Gutscheine für eine Tonne Diesel gegen eine einzige Flasche Schnaps. Die Russen rechnen diesen Treibstoff nämlich nicht in Li-

tern, sondern in Tonnen. Auch daran haben wir uns inzwischen gewöhnt. Als wir später die ergatterten Coupons einlösen, schrumpft unser Wodkavorrat leider weiter zusammen. Aber auch Seife, Schokolade und Konserven erweisen sich bei den Tankwarten als begehrte Tauschobjekte.
Auf der Karte ist die Straße nach Akschigut mit einer durchgehenden grünen Linie eingezeichnet. Dann geht sie in eine gestrichelte über. Das ist die Markierung für Karrenwege. Doch leider finden wir hinter Akschigut von einem Weg überhaupt keine Spur mehr. Nur eine Eisenbahnlinie verläuft hier. Wir fragen im Ort. Mit einer Portion Glück, einem guten Geländewagen, viel Wasser und Treibstoff könnten wir immerhin vielleicht das Dorf Kungrad in Usbekistan erreichen, meint ein alter Mann. Einen Weg gebe es nicht.
Wir studieren die Karte. Das Dorf liegt in der Nähe des Amudarja-Flusses, an dessen Ufern eine Straße verläuft.
Außer der Bahnstation Zhaslik gibt es auf dem riesigen Ustjurtplateau keine menschlichen Ansiedlungen. Zur Straße am Amudarja sind es mehr als 400 Kilometer. Das bedeutet: vierhundert Kilometer Wüste, vierhundert Kilometer Sand und Steine, ödes, glühendes Land. Noch zögern wir, ob wir die Fahrt wagen sollen. Wenn wir umkehrten, müßten wir den Weg nördlich des Aralsees nehmen. Das wäre etwa so, als würden wir die Hälfte des westlichen Europas umfahren. Dazu hat keiner Lust, außer vielleicht Koyuk, der Hund, dem die Hitze arg zu schaffen macht. Er würde sich im winterlichen Sibirien sicher wohler fühlen als in der sommerlichen Wüste. Doch ich denke, wenn wir die Fahrt überleben, dann übersteht er sie auch. Zudem ist unser Wagen auch für solche Bedingungen bestens ausgerüstet. Nicht zufällig hat ein Tatra wie unserer die Rallye Paris–Dakar gewonnen.
Der Wagen ist vollgetankt. Wasser haben wir auch genug. Fünf Tage brauchen wir, bis wir uns durch diese glutheiße Hölle durchgekämpft haben. Fließender Sand hemmt uns am Vorwärtskommen, manchmal bleiben wir völlig stecken, wenn wir ein Loch oder einen Graben zu spät entdecken. Oft müssen wir im Schrittempo fahren, weil die Sandhügel uns die Sicht versperren. Außer dem Bordkompaß haben wir noch die Eisenbahnlinie als Orientierungshilfe. Manchmal verlieren wir sie aus den Augen, wenn das Gelände uns zu Umwegen zwingt. Trotz der Schinderei scheint Lumír die Fahrt zu genießen. Er mag die Wüste. Sogar in die Wüste Gobi hat er sich schon einmal hineingewagt.
Für mich war es die erste und wohl auch die letzte Wüstendurchquerung. Ich leide unter der Hitze fast genauso wie Koyuk. Ich liebe die Berge und die Wälder. Dort fühle ich mich wohl. Auch Lenka macht den Eindruck, als könnte sie sich Angenehmeres als diesen mörderischen Backofen vorstellen.

Endlich haben wir die Strapazen hinter uns. Auf der Straße am Amudarja-Fluß kommen wir zügig voran. Wir fahren durch Urgentsch, immer an der Westseite des Flusses entlang, ehe wir in Richtung Mary abbiegen, um uns die Ruinen von Merv anzusehen. Die ungebrannten Lehmziegel dieser altertümlichen Festungen sind in der regenarmen Region über 25 Jahrhunderte hinweg erhalten geblieben. Unser nächstes Ziel heißt Buchara.

Europäer durften die Stadt erstmals im Jahre 1863 legal besuchen. Bis dahin war sie der nichtislamischen Welt verschlossen. Nur dem ungarischen Wissenschaftler Arminius Vambery war es zuvor als erstem Europäer gelungen, im Gewand eines Derwischs unbemerkt in die Stadt zu gelangen und über seine Erlebnisse dort zu berichten. Alle früheren Versuche waren gescheitert. Die beiden Briten Murkraf und Denis wurden in Buchara vergiftet, zwei ihrer Landsleute, Conolly und Stoddart, öffentlich hingerichtet. Ihre Köpfe wurden zur Abschreckung an die Stadtmauer gehängt. Ein Russe namens Witkowitsch konnte zwar entkommen, wurde jedoch auf den Flucht erschossen.
Buchara war einst eine Zufluchtstätte für islamische Pilger und Karawanen, die sich in der Karakum-Wüste verirrt hatten. Sie orientierten sich am Feuer auf dem Kalian-Minarett wie die Seefahrer am Leuchtturm.
Bei Buchara versickert der Serawschan in der Wüste. Schon immer zog die Oase fremde Eroberer an. Im 6. Jahrhundert v. Chr. herrschten dort die Perser, 200 Jahre später die Griechen, die sich bis zum 2. Jahrhundert n. Chr. in dieser Region behaupten konnten. Anfang des 8. Jahrhunderts wurde Buchara von Arabern erobert, die der Bevölkerung den islamischen Glauben aufzwangen.
Als im 9. Jahrhundert die Samanische Dynastie die Macht übernahm, erlangte die Stadt nicht nur wirtschaftliche Bedeutung, sie wurde auch zum kulturellen Mittelpunkt. In dieser Zeit lebte dort auch der bekannte Arzt und Philosoph Avicenna, der medizinische Bücher verfaßte und im Jahre 1000 das ärztliche Wissen seiner Zeit wie kaum ein anderer beherrschte.
Im frühen Mittelalter wurde Buchara von dem osttürkischen Herrscher Timur regiert. Sein Reich erstreckte sich von China bis Südrußland. Timur holte sich die bedeutendsten islamischen Gelehrten nach Buchara und in das benachbarte Samarkand. Er baute Hochschulen, schuf große Bewässerungsanlagen und errichtete Manufakturen für Stoffe, Teppiche und Schmuck. Berühmt wurden die mit Gold bestickten Taschen, Mützen und Gewänder. Timur starb 1405 in Samarkand.
Im Jahr 1753 übernahm Mohammed Rachim die Herrschaft. Seine Nachkommen regierten das Land von Buchara aus bis 1920. Die Rote Armee vertrieb Chan Emir Olim, der nach Afghanistan flüchtete. Und Usbe-

kistan wurde eine sowjetische Republik. Heute ist Buchara vor allem durch seine Textil- und Lederindustrie bekannt. Die alten Bauwerke zerfallen und werden kaum restauriert. Auf einem Hügel erhebt sich die Festung Arg. Über dem Tor hing früher eine Peitsche als Symbol für die Macht des Emirs. Auf dem Hauptplatz marschierten einst die Söldner des Emirs und warfen ihm die eroberten Flaggen der Feinde und deren abgehackte Köpfe vor die Füße. Heute ist dort einer der größten Märkte weit und breit. Dorthin kommen die Leute von überall her, um ihre landwirtschaftlichen Produkte zu verkaufen.

Am attraktivsten ist der Stadtkern von Buchara, das Forum. Das Minarett der Kalian-Moschee und die blaugrüne Kuppel der Moschee Miri-Arab sind schon von weitem zu sehen. Auffallend sind die glasierten Kacheln, mit denen auch einige andere Kuppeln gedeckt sind. Sie tragen meist Motive aus der Geometrie, der Astronomie oder aus dem Pflanzenreich.

Der höchste mittelalterliche Turm der Stadt und von ganz Mittelasien ist das Minarett der Moschee Kalian mit über 46 Metern. Während der Herrschaft der Mangiten wurden die Gefangenen vom Rundgang des Turms auf das Kopfsteinpflaster geworfen. Deshalb wird das Minarett auch Todesturm genannt.

Wegen der Hitze wurden in Buchara viele Wasserbekken angelegt. Eines davon ließ die russische Kaiserin Katharina II. bauen, als Zeichen der freundschaftlichen Beziehungen zwischen Rußland und dem Emirat. Das Becken diente früher als Trinkwasserspeicher. Aber weil es gleichzeitig zum Baden benützt wurde, war es auch der Herd für alle möglichen Seuchen.

Noch heute herrscht in der Stadt ein buntes Leben und Treiben. Die Männer tragen zu ihren Chalaten – das sind lange, wattierte Mäntel – hohe Stiefel und auf dem Kopf einen Turban oder eine bestickte, viereckige Kappe, die Tjubetejka. Die Frauen hüllen sich in lange bunte Gewänder. Im Schatten der Bäume findet man die Tchajchane, die Stätten zum Teetrinken. Dort sitzen die Einheimischen im Schneidersitz auf breiten, mit Teppichen belegten Holzbänken und trinken grünen Tee. Das heiße, ungezuckerte Getränk soll in der Hitze besonders gut den Durst löschen.

Von Buchara sind es nur 270 Kilometer bis Samarkand. Welche von beiden Städten früher die schönere gewesen ist, läßt sich heute kaum noch sagen. Meiner Meinung nach gehören die drei Moscheen auf dem Registanplatz von Samarkand zu den sehenswertesten Kulturdenkmälern Mittelasiens.

Die schönste ist wohl die Scher-Dor-Moschee mit ihrem gewaltigen Portal, dessen kunstvolles Mosaik zwei mächtige Löwen darstellt.

So anziehend diese Zeugnisse alter Kulturen auch sind, so ermüdend ist es, sie bei solcher Hitze zu genießen. Nach mancher schwierigen Bergtour fühlte ich mich weniger kaputt.

# ALAI

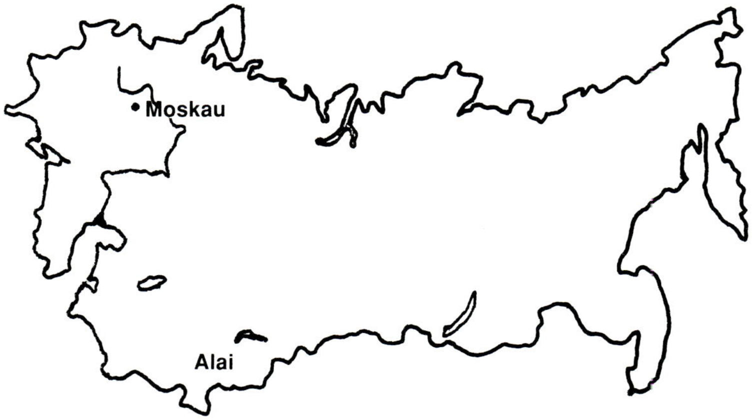

*Seiten 86/87:* Das obere Serawschan-Tal/Tadschikistan. Die Wasserfluten von den Gletschern des Alai-Gebirges führt der Serawschan in die Karakum-Wüste, wo sie fruchtbare Oasen ermöglichen und dann im endlosen Sand versickern.

*Seiten 88/89:* Eines der Dörfer von der Mattscha, im oberen Serawschan-Tal. Die Einheimischen bauen noch wie früher ihre Häuser aus Lehmziegeln mit Flachdächern, auf denen ein dicke Lehmschicht liegt, die für eine gute Wärmeisolierung der Räume sorgt.

*Seiten 90/91:* Die obere Mattscha im Serawschan-Tal. Knapp unter dem Ausläufer des Serawschan-Gletschers pflanzen die Einheimischen noch Kartoffeln.

*Seiten 92/93:* Beim Brotbacken in der oberen Mattscha. Hier backen die Einheimischen ihre Fladenbrote immer noch in den traditionellen Lehmöfen. Die kuppelförmigen Öfen werden mit Holz beheizt und die Glutreste dann sorgfältig herausgefegt. Der Teig, zu Fladen geformt, wird an die heißen Wände des Ofens geklatscht. Die Öffnung des Ofens wird dann zugedeckt und gut abgedichtet. Die Brote fallen, wenn sie fertig gebacken sind, von allein von den Wänden ab. Anschließend werden die heißen Fladen mit zerlassener Butter beschmiert.

*Seiten 94/95:* Der Esel ist in der oberen Mattscha das hauptsächliche „Transportmittel".

*Seite 96:* Ein mittelasiatischer Schäfer. Die Schafzucht ist eine der wichtigsten Lebensgrundlagen der Bergbewohner im Alai-Gebirge, die sich in den tief eingeschnittenen Tälern als Selbstversorger durchschlagen und ihre traditionelle Lebensart bewahrt haben.

# PAMIR

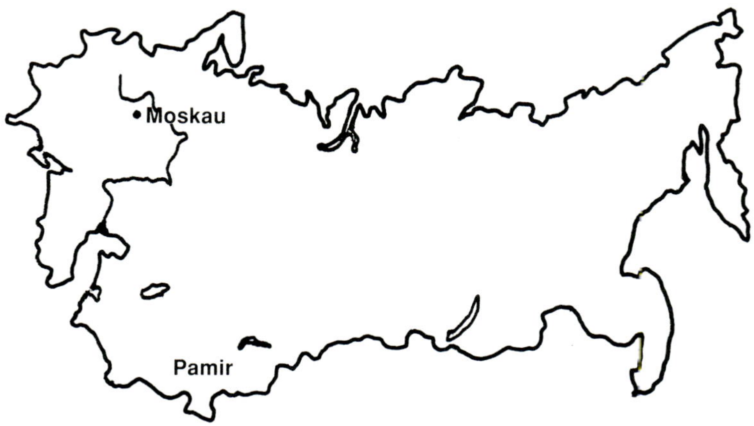

ATOMIC

*Seiten 98/99:* *Das Sugran-Tal im Pamir-Gebirge/Tadschikistan. Dort, in der Ebene einer Flußterrasse, behauptet sich schon seit mehreren Jahren ein russischer Einsiedler als Selbstversorger nach dem gleichen Lebensstil wie einst die ursprünglichen Bewohner des Tales. Sie waren von Stalin verschleppt und gezwungen worden, auf den Baumwollfeldern in den Niederungen zu arbeiten.*

*Seite 100:* *Hochalpinflora im Pamir-Gebirge.*

*Seite 101:* *Das asiatische Edelweiß ist kleiner als das europäische. Im Pamir-Gebirge ist es oft als geschlossener weißer Teppich und in Höhen von mehr als 4000 Meter anzutreffen.*

*Seiten 102/103:* *Das Basiscamp auf dem Moskwina-Gletscher unter dem 6300 Meter hohen Pik Tschetirech im zentralen Pamir-Gebirge.*

*Seite 104:* *Auf dem Traube-Gletscher unter dem Bergsattel des 5542 Meter hohen Pik NKWD (benannt nach dem sowjetischen Geheimdienst) bei einer kombinierten Ski- und Klettertour.*

*Seite 105:* *Auf dem Sattel des Pik NKWD, etwa 5100 Meter hoch.*

*Seite 106:* *Beim Eisklettern auf dem Moskwina-Gletscher mit den „Fifis", einer russischen Erfindung. Das sind spezielle Eishaken aus Titan, die man in die Eiswand hineinrammt. In den Schlingen, die an den Haken angebracht sind, kann man sich mit den Beinen abstützen und so senkrechte Eiswände überwinden.*

*Seiten 106/107:* *Bei der Ski-Abfahrt vom 6300 Meter hohen Pik Tschetirech im Pamir-Gebirge.*

*Seite 108:* *Die Nordwand und der Gipfel des höchsten Berges der Sowjetunion, des 7495 Meter hohen Pik Kommunismus in Pamir.*

# *Alai*

Eines der schönsten Hochgebirge Mittelasiens ist die Alaikette, deren Gipfel südlich des Fergana-Tals bis zu 5800 Meter hoch aufsteigen. Hier entspringt auch der Serawschan-Fluß. Durch tiefe Schluchten bahnt er sich seinen Weg nach Westen. Er mündet aber nicht in den Aralsee, sondern versickert in der Wüste Karakum.
Uns lockt seine Quelle, der Serawschan-Gletscher. Gleich hinter dem Dorf Madruschkat verändert sich die Landschaft. Das tief in den Berg eingeschnittene Flußbett öffnet sich zu einem breiten Tal, in dem die Bewohner künstliche Terrassen zur Bewässerung ihrer Felder angelegt haben.
Einmal übernachten wir auf einer dieser Terrassen oberhalb des Flusses. Am Morgen beobachten wir eine Frau beim Säubern der Bewässerungskanäle. Sie spricht ein wenig Russisch und erklärt uns, wie man das Wasser in die verschiedenen Kanäle verteilt. Wir helfen ihr ein wenig bei der Arbeit, und zum Dank nimmt sie uns mit zu ihrer großen Familie, die in Zelten unter alten Aprikosenbäumen lebt. Doch diese Bleibe ist nicht von Dauer. Die Männer sind dabei, zwei Häuser aus selbstgebrannten Lehmziegeln zu bauen. Beim Tee erzählen sie von ihrem arbeitsreichen Leben und vom Schicksal ihrer Familie. Schon ihre Eltern und Großeltern lebten hier. Doch im Zweiten Weltkrieg wurden sie zusammen mit anderen Bewohnern des Tals von den Stalinisten gewaltsam auf Lastwagen verfrachtet und in den weiten Ebenen am

Syrdarja-Fluß angesiedelt. Dort mußten sie auf den Baumwollfeldern arbeiten. Die Rückkehr blieb ihnen verwehrt. Als ihre Kinder und Enkelkinder vor wenigen Jahren im Zeichen der Perestrojka Gorbatschows in die Heimat zurückkehren durften, waren die Bewässerungsanlagen zugewachsen, die Felder mit Büschen überwuchert, die Häuser zerstört.
Unsere Gastgeber leben erst seit einem halben Jahr hier in den Bergen. Doch sie haben bereits einen Teil der verwahrlosten Felder neu bewirtschaftet. Sie erwarten eine gute Kartoffelernte in diesem Jahr. Ihre neuen Häuser wollen sie noch vor Einbruch des Winters beziehen.
Die Großfamilie lädt uns zum Abendessen ein. Ein

Lamm wird geschlachtet, und die Frauen kochen im Kessel über dem offenen Feuer „Plow“, das traditionelle Gericht dieser Region. Es besteht aus Reis, kleingehackten Möhren und Fleischstücken. Die Männer haben inzwischen unter einem Baum einen Teppich ausgelegt, und dann sitzen wir wie die Einheimischen im Schneidersitz um die große Schale mit „Plow“ und essen wie sie mit den Händen, während uns das Fett zwischen den Fingern heruntertrieft. Zum „Plow“ gibt es „Lepjoschki“, selbstgebackenes Fladenbrot, und grünen Tee. Zum Nachtisch reichen uns die Frauen Aprikosen, Walnüsse und Moruschen, die Früchte des Maulbeerbaumes, die wie Himbeeren aussehen. Sie freuen sich, daß es uns schmeckt.

Obwohl die Menschen hier in den Bergen ein einfaches und wohl auch hartes Leben führen, strahlen sie eine Zufriedenheit aus, wie wir sie bisher nirgendwo in der Sowjetunion gefunden hatten. Gerne wären wir noch länger bei ihnen geblieben.
Wir fahren weiter. Zwischen den Schotterablagerungen im Flußbett fließt das milchige Wasser des Serawschan in unzähligen Rinnsalen zu Tal. Auf einem schmalen Schotterweg oberhalb kämpft sich der Tatra bergauf. Ich fahre mit unserem Motorrad voraus, um den Zustand der Brücken zu überprüfen, die alle den Eindruck machen, als würden sie bald zusammenbrechen. Das 175er Enduro-Geländemotorrad wurde uns von der Firma ČZ aus dem südböhmischen Strakonitz zur Verfügung gestellt. In den Bergregionen, wo die Wege oft nur von Pferdegespannen benutzt werden, wären wir ohne die Maschine kaum vorwärts gekommen.
Die letzte Brücke am Ende des Tales wagen wir nicht mehr zu überqueren. Sie sieht zu brüchig aus. Von hier an müssen wir zu Fuß weiter. Der Aufstieg ist mühsam und zieht sich hin. Die Wiesen gehen in Gletschermoränen über. Die Fünftausender rücken von Stunde zu Stunde ein bißchen näher. Einer davon, der Berg Goldowa, sieht aus wie ein überdimensionaler weißer Kopf. Die Luft ist schneidend kalt, und bald umgibt uns nur noch ewiges Eis. Diese stille, bizarre Welt haben wohl noch nicht viele Menschen betreten. Wir stehen am Fuß des fast dreißig Kilometer langen Serawschangletschers.

# *Pamir*

Pamir – das ist der mächtigste Gebirgsstock im Herzen Asiens, von dem die höchsten Gebirge der Erde ausgehen: Himalaja, Hindukusch, Karakorum und Tienschan. Unter dem Namen „Bamian" war er schon den griechischen Geographen bekannt. In der Sprache der Eingeborenen hieß er „Bam-i-dunja". Beide Namen könnte man mit „Dach der Welt" übersetzen. Der größte Teil des gewaltigen Bergmassivs gehört zur Sowjetunion, im Osten reicht es bis China, im Süden bis Afghanistan und Pakistan. Der Pamir hat etwa tausend Gletscher. Der bedeutendste davon, der Fedtschenko-Gletscher, ist 70 Kilometer lang. Drei von den fünf Siebentausendern der Sowjetunion liegen in dieser Region. Der höchste ist der 7495 Meter hohe Pik Kommunismus. Um die afghanische und chinesische Grenze besser kontrollieren zu können, bauten die Sowjets eine Hochgebirgsstraße, die Trans-Pamir-Magistrale. An der afghanischen Grenze verläuft sie am Fluß Pjandsch, an der chinesischen quer durch die Berge über mehrere 5000 Meter hohe Pässe.

Vom Serawschan-Tal aus überqueren wir den Serawschan-Chrebet, einen Bergrücken, in fast 4000 Meter Höhe und fahren hinunter in die von den Sowjets erbaute Stadt Duschanbe.

Mit einem von der Prager Organisation CKM bestellten Hubschrauber soll Lenka von dort aus mitsamt unserer ganzen Ausrüstung zum Bergsteiger-Basis-Lager auf dem Moskwina-Gletscher am Fuße des Pik Kommunismus fliegen. Doch obwohl sich unsere Freunde in Prag viel Mühe gegeben haben – ein Helikopter ist in Duschanbe nicht aufzufinden. Nach langem Hin und Her treiben die sowjetischen Partner der tschechischen Jugendorganisation aber doch noch einen Helikopter auf, der in Dschirgatal starten soll. Zwei volle Tage brauchen wir, bis wir auf den schlechten Straßen das Dorf erreichen. Doch der Helikopter hat solange gewartet. Lenka kann abfliegen. In etwa einer Woche wollen wir wieder mit ihr oben in den Bergen zusammentreffen.

Lumír und ich fahren weiter am Surchob-Fluß entlang bis kurz vor der Mündung des Muksu-Flusses. Die Brücke, die wir nun überqueren müssen, sieht recht baufällig aus, aber sie hält den 16 Tonnen, die wir ihr zumuten, zum Glück stand. Als wir schon erleichtert aufatmen wollen, merken wir, daß an einem Hinterrad etwas nicht stimmt, ein Reifen verliert Luft.

Lumír fährt noch ein Stück weiter bis zum nächsten Dorf, was er besser nicht hätte tun sollen. Jetzt ist der Reifen kaputt. Wir stehen mitten auf einer steilen Straße. Einen ungünstigeren Platz für einen Reifenwechsel hätten wir kaum finden können. Im Nu sind wir von neugierigen Dorfbewohnern umringt, und jeder will helfen. Sie wundern sich, warum wir keinen Schlauch brauchen. Schlauchlose Reifen haben sie hier offenbar noch nie gesehen.

Einer unserer eifrigsten Helfer fragt, als wir endlich wieder startbereit sind, ob wir ihn ein Stück mitnehmen könnten. Dazu sind wir natürlich gerne bereit. Er heißt Mulascha. Unterwegs erzählt er, daß er mit seiner Familie an einem See in den nahen Bergen wohnt und den ganzen Sommer über Schafe und Yaks, so nennen die Einheimischen die Hochgebirgsrinder, hütet. Da Lumír und ich die runden Filzzelte der mittelasiatischen Nomaden noch nie gesehen haben, fragen wir, ob wir ihn begleiten dürfen. Er freut sich, daß wir ein wenig Abwechslung in sein einsames Leben bringen.

Im Dorf Muk stellen wir den Lastwagen bei einem von Mulaschas Bekannten ab und folgen unserem neuen Freund am Flüßchen Duwan entlang zu einem breiten Talkessel. Am Ufer des Kara-Kul-Sees sehen wir dort schon von weitem drei runde Zelte, zwischen denen eine Schar Kinder herumtollt. Als sie uns entdecken, laufen sie uns entgegen.

Mulaschas Frau heißt uns herzlich willkommen und führt uns in eines der mit Wollteppichen ausgelegten Zelte. In der Jurte ist es gemütlich, sauber und warm. Im Ofen brennen Briketts aus Yakmist, denn Feuerholz ist in dieser baumlosen Gegend ziemlich rar.

Wir werden mit Tee, frischem Fladenbrot und selbstgemachter Yakbutter bewirtet, die sehr gut schmeckt. Nach dem Essen zeigt uns Mulaschas Frau, wie die Bergbewohner ihr Brot backen.

Vor der Jurte steht ein Lehmofen, der wie ein Zuckerhut aussieht. Er wird mit Holz gefeuert, das die Yaks auf dem Rücken vom Tal herauftragen. Nachdem das Feuer ausgegangen und die Glut herausgefegt ist, werden die Teigfladen an die Ofenwände geklatscht. Wenn sie braungebacken sind, fallen sie von selbst ab. Zum Schluß wird das heiße Brot mit Butter bestrichen, damit es glänzt. Natürlich bleiben wir über Nacht. Abends, beim traditionellen Plow-Gericht, greifen Lumír und ich tüchtig zu. Vor dem Schlafengehen sitzen wir noch lange beisammen und hören Mulascha zu. Er erzählt von seinem Leben in den Bergen, das dem der Nomaden sehr ähnlich ist.

Am anderen Morgen müssen wir uns früh von unseren Gastgebern trennen, denn wir dürfen Lenka nicht warten lassen. Wir kehren zum Wagen zurück und fahren nach Irget, einem Dorf, das nur aus zwei Häusern besteht. Dort stellen wir den Tatra bei den Einheimischen ab. Sie versprechen, auf das Fahrzeug gut aufzupassen. Ehe wir den steilen Anstieg zum 3400 Meter hohen Bel-Kandou-Paß beginnen, füllen wir die Feldflaschen in einem kleinen Bach. Das Wasser ist bald aufgebraucht, denn die Sonne brennt heiß vom wolkenlosen Himmel, und wir geraten ordentlich ins Schwitzen. Auf der Paßhöhe sind wir ziemlich erschöpft. Zum Glück entdecken wir bald eine Quelle, wo wir den Durst stillen und die Flaschen auffüllen können.

Gegen Abend finden wir auf einer Wiese einen geeigneten Lagerplatz. Wir sind jetzt so müde, daß wir kaum noch die Kraft haben, aus unseren gefriergetrockneten Vorräten ein Essen zuzubereiten. Sogar Koyuk, der sonst immer die Umgebung erkundet, liegt ermattet am Feuer und rührt sich nicht mehr von der Stelle. Wir fühlen uns erst wieder wohl, als wir warm und geborgen in den Schlafsäcken liegen.

Am nächsten Morgen studiere ich die Karte, die mir mein Freund Vilém Hrdina in Prag geschenkt hat. Er hat sie selbst gezeichnet, im Maßstab 1:100 000. Auch die Karten vom Elbrus und dem Zelentschuk-Tal hat er angefertigt.

Wir müssen den Sugran-Fluß überqueren. Eine Brücke über den schmalen Canyon ist auf der Karte eingetragen. Wenige Stunden später stehen wir am Rand der etwa hundert Meter senkrecht abfallenden Felsen, zwischen denen sich das Wasser rauschend und schäumend seinen Weg bahnt. Die aus Baumstämmen und Lehm gebaute Brücke ist höchstens zwei Meter breit. Das Holz ist morsch, der Lehm brökelt an einigen Stellen ab. Doch wir müssen hinüber. Es gibt keinen anderen Weg über die Schlucht. Lumír geht vorsichtig voraus. Als ich mit dem Hund folgen will, weigert sich Koyuk, auch nur eine Pfote auf die Brücke zu setzen. Die tosenden Wassermassen in der Tiefe machen ihm Angst. Alles Zureden hilft nichts. Ich muß ihn auf den Arm nehmen und auf die andere Seite tragen.

Über einen steilen Hang klettern wir höher und höher. Vor uns liegt eine mit üppigem Gras bewachsene Wiese. Nicht weit davon durchziehen Bewässerungskanäle das Land, dehnen sich Felder, auf denen Kartoffeln, Spinat und Radieschen wachsen, nur von einer menschlichen Behausung fehlt jede Spur. Wir gehen weiter. Pappeln säumen den ausgetretenen Pfad. Und dahinter verbirgt sich ein kleines Haus. Ein Mann läuft im Vorgarten herum und schwingt dabei ein Schmetterlingsnetz. Als wir näher kommen, sehen wir, daß er Grashüpfer gefangen hat.

Er betrachtet uns erstaunt. Fremde verirren sich wohl selten in diese gottverlassene Gegend. Kolja heißt der Mann mit dem Schmetterlingsnetz.

Als er von unserer geplanten Klettertour erfährt, runzelt er die Stirn. Wahrscheinlich kennt er die Gefahren, denen wir uns da aussetzen wollen, besser als wir.

Er lädt uns zum Tee ein. Zu unserer Überraschung braut er weder schwarzen noch grünen Tee, sondern bereitet ihn aus frisch gepflückter Pfefferminze zu. Bei Kolja ist alles ein wenig anders. Sein aus Lehmziegeln gebautes Haus unterscheidet sich durch das pyramidenförmige Dach von den Häusern der Region, und auch das Innere verrät, daß der Besitzer wenig mit den Einheimischen gemein hat. In der Küche steht – wie überall – ein selbstgebauter Herd aus Lehm. Doch das Zimmer ist mit Büchern vollgestopft, Bilder hängen an den Wänden, das Dominierende im Raum ist jedoch eine große Karte des Universums. Kolja lacht, als er

unsere verdutzten Gesichter sieht. Er weiß wohl, daß wir ihn jetzt mit Fragen bestürmen werden, und fängt – in fließendem Russisch – von selbst an zu erzählen.
Diese Gegend ist nicht immer so einsam gewesen. Erst vor dem Zweiten Weltkrieg wurden die Bergbewohner aus ihrer Heimat vertrieben und in den Niederungen angesiedelt. Die meisten Alten sind wohl inzwischen gestorben, und ihre Nachkommen haben keine Beziehung mehr zum Land ihrer Väter.
Als Kolja vor Jahren mit Geologen in diese verlassene Wildnis kam, verliebte er sich sofort in das stille, weite Tal oberhalb des Flusses. Er beschloß, seine Wohnung in der Stadt aufzugeben und für immer in den Bergen zu leben. Er baute eine kleine Hütte, die ihm heute nur noch als Küche dient, setzte die zerfallenen Bewässerungsanlagen instand und pflanzte Gemüse an. Nachdem er den ersten Winter gut überstanden hatte, wußte er, daß ihn nichts mehr von hier fortbrächte. Jetzt fehlte ihm nur noch eine Frau. Er fuhr in die Stadt zurück und heiratete seine Freundin, eine junge Frau mit zwei Kindern. Sie bauten ein größeres Haus und verbrachten zwei glückliche Jahre. Im dritten Winter geschah dann das Unglück. Kolja mußte im Dorf ein paar Besorgungen machen und wollte in drei Tagen wieder zu Hause sein. Unterwegs fiel ihm ein, daß er noch einige Bücher kaufen wollte. Er fuhr nach Duschanbe und kehrte später als erwartet zurück. Auf dem Heimweg, nicht weit vom Bel-Kandou-Paß, fand er seine Frau und die Kinder. Sie waren erfroren. Die Frau hatte sich wohl Sorgen um das lange Ausbleiben ihres Mannes gemacht und war ihm mit den Kindern entgegengegangen. Auf dem Paß wurden sie von einem Schneesturm überrascht.
Zwei Jahre sind seither vergangen. Kolja ist allein zurückgeblieben. Heiraten möchte er nicht mehr. Er liest viel, oder er meditiert, wenn ihm die Arbeit auf den Feldern Zeit dafür läßt. Nur selten geht er zum Einkaufen hinunter ins Dorf, und in die Stadt fährt er nur, wenn er neue Bücher braucht.
Wir fragen ihn, was er tun würde, wenn er einmal krank werden sollte. Er sei kerngesund, meint er, und wenn er sich ein Bein oder einen Arm breche, dann heile er sich selbst mit „Mumio“, dem Balsam der Berge. Natürlich möchten wir mehr über diese wunderbare Medizin wissen. Und Kolja verschweigt uns ihr Geheimnis nicht.
Schon vor zweitausend Jahren haben die Menschen einen Stoff gekannt, den sie das „Blut der Berge“ nannten und den sie höher schätzten als Gold. „Mumio“, das nur in winzigen Mengen vorkommt, soll vor allem den Heilungsprozeß gebrochener Knochen fördern. Auch die moderne Medizin hat sich inzwischen mit diesem Wunderheilmittel beschäftigt, und Wissenschaftler haben festgestellt, daß die dickflüssige Masse Phosphor, Kalium und Strontium enthält, Stoffe, die für den Knochenaufbau wichtig sind.

Kolja kennt eine Höhle, wo die Masse tropfenweise aus einer Felsspalte herausquillt. Er sammelt die Tropfen behutsam und verkauft das Wundermittel an die Einheimischen. Für das Geld kauft er sich Bücher und die wenigen Lebensmittel, die er nicht selbst erzeugen kann. Er schenkt uns sogar etwas von seinem kostbaren „Mumio“ für den Fall, daß wir uns unterwegs die Knochen brechen.
Und er lädt uns zum Abendessen ein. Es gibt frische Salate, Gerstenbrei und geröstete Heuschrecken. Danach bauen wir unser Zelt unter den Pappelbäumen auf. Am Morgen mahnt uns Kolja zum Aufbruch. Wir müßten uns beeilen, wenn wir Lenkas Camp in einer Woche erreichen wollten, sagt er.
Wir verlassen Koljas kleines Reich und steigen über den ausgeschwemmten Schotterkegel am Fuße des Birs-Gletschers. Dann folgen wir dem Fluß, überqueren einen reißenden Bach und wandern weiter zum Ausläufer des großen Sugran-Gletschers.
Das Nachtlager schlagen wir am Anfang des Schini-Bini-Tals auf. Am Talende ist der 5350 Meter hohe Schapak-Paß deutlich zu sehen. Zwei Tage später sind wir selbst dort. Nachdem wir den Schapak-Gletscher und den Fortambek-Gletscher überwunden haben, ist es nicht mehr weit bis zu Lenkas Camp.
Genau zehn Tage haben wir gebraucht. Am Rande des Waltera-Gletschers entdeckten wir unser rotes Pyramidenzelt. Die Berge ringsum sind von atemberaubender Schönheit. Zwei Siebentausender recken sich in den tiefblauen Himmel: der Pik Kommunismus und der Pik Korschenewskaja. Ihre Gipfel glänzen in der Sonne wie flüssiges Gold. Hin und wieder durchbricht dumpfes Grollen und Dröhnen die Stille. Es sind die abgehenden Lawinen auf dem Pik NKWD, dem „Stasi-Pik“, der aber bald einen neuen Namen bekommt.
Alle drei sind wir froh, wieder beisammen zu sein. Lumír und ich haben nach den vorangegangenen Strapazen nur noch das Bedürfnis zu schlafen. Aber schon einen Tag später hat das Faulenzerleben wieder ein Ende. In dem nicht weit von unserem Lager entfernten internationalen Bergsteigercamp erfahren wir, daß eine Schlechtwetterfront heranrücke und Schnee angesagt sei. Lenka hat bisher hinter dem Zelt zwischen Steinmauern gekocht. Wenn Schnee fallen sollte, müßten wir auf einiges verzichten. Ich schlage vor, eine kleine Hütte aus Steinen zu bauen. Als Dach könnten wir die beiden großen Planen benützen, die uns bisher als Zeltboden dienten. In unserer Nähe zelten noch drei andere Tschechen: Jirka, Michael und Benischek. Sie sind von der Idee begeistert und sofort bereit, mit Hand anzulegen. Für die Dachkonstruktion finden wir zwei Bretter auf dem Hubschrauberlandeplatz. Die beiden Planen reichen für das Dach. Nach einem Tag steht die Hütte. Der gemeinsame Aufenthaltsraum dient auch als Küche.

Es war höchste Zeit, denn schon in der Nacht beginnt es zu schneien. Und es schneit drei Tage und drei Nächte. Von der Nordwand des Pik Kommunismus donnern ununterbrochen Lawinen.
Im internationalen Camp hören wir, daß am nicht weit entfernten Pik Lenin vierzig Bergsteiger unter einer Lawine begraben worden seien. Sie fegte das gesamte Basiscamp in den Gletscherbruch hinunter. Dieses Unglück und die riesigen Schneemassen auf dem Pik Kommunismus hatten zur Folge, daß keiner vorläufig mehr auf den höchsten Gipfel der Sowjetunion hinauf durfte. Aber zum Glück gibt es um uns herum überall lohnenswerte Berge, wo keine akute Lawinengefahr herrscht.
Als sich das Wetter bessert, brechen wir auf zum Sattel des Pik NKWD. Die letzte Passage ist sehr schwierig, Lenka und Koyuk müssen zurückbleiben. Sie warten auf dem Waltera-Gletscher, während Lumír und ich zwischen Fels und Eis weiterklettern bis hinauf auf den Grat, durch eine bizarre, immer wieder faszinierende Steilwand. Den überwältigenden Blick vom Sattel auf die Pyramidenspitze, den Pik Moskau, kann ich leider nicht genießen.
Ich habe mich wohl etwas überanstrengt. Die 5000 Höhenmeter machen mir plötzlich zu schaffen. Ich bekomme keine Luft mehr. Der Abstieg zu unserem Lager fällt mir schwer. Unterwegs treffen wir einen tschechischen Arzt, der in dieser Region schon viele Touren unternommen hat. Er kennt die Höhenkrankheit aus eigener Erfahrung. Vor Jahren wäre er fast an einem Lungenödem gestorben. Er rät mir dringend, bis zur 3500-Meter-Grenze abzusteigen.
Mein Zustand verschlechtert sich von Stunde zu Stunde. Am nächsten Tag kann ich mich nur mit Mühe zum internationalen Camp schleppen, wo sich ein Arzt befindet. Zum Glück ist gerade ein Hubschrauber angekommen. Ich nutze die Gelegenheit und fliege nach Dschirgatal. Dort erhole ich mich schnell, und zwei Tage später lande ich mit der gleichen Maschine wieder im Camp.
Zusammen mit Benischek machen wir noch eine dreitägige Skitour zum Pik Tschetirech, einem 6300 Meter hohen Eiskegel. Diesen Berg werde ich immer in Erinnerung behalten. Einen steileren Hang bin ich noch nie hinuntergefahren.
Höhepunkt unseres Aufenthalts im oberen Pamir ist das Eisklettern. Sergib, ein Bergsteiger aus Tschukotka, macht uns mit den Titanhaken, den „Fifis", vertraut, einer russischen Erfindung. So sicher und gewandt wie die Spinnen klettern wir mit ihrer Hilfe an den senkrechten Eiswänden hinauf.
Die Zeit vergeht wie im Flug. Viel zu früh müssen wir Abschied nehmen von den neuen Freunden und den gigantischen Gletscherbergen.

# *Altai*

Dieses russisch-mongolische Grenzgebirge hat zwei Gesichter: Die russische Seite ist dicht bewaldet, die mongolische felsig, trocken, wüstenartig. Der höchste Berg Bjelucha mißt 4500 Meter. An seinem Fuße entspringt der Katun, einer der wildesten Ströme Sibiriens.

Schon seit frühester Jugend haben mich Gebirgsflüsse fasziniert. Heute weiß ich nicht mehr, wie viele Wildwasserfahrten ich schon hinter mir habe, und wie oft ich dabei ins Wasser gefallen bin.

Vorsichtig bringe ich das Gespräch auf unsere Schlauchboote, doch als meine Kameraden merken, was ich vorhabe, erklären sie mich für verrückt, weil Lumír schon einiges über den Katun gehört hat. Selbst mein Einwand, eine tschechoslowakische Mannschaft sei immerhin in den achtziger Jahren seinen Fluten lebend entkommen, nützt nichts. Lenka und Lumír behaupten, wir würden in den Stromschnellen an den Felswänden zerschellen. Während wir dieses Unternehmen in Tschemal in einer kleinen Dorfkneipe besprechen, mischt sich ein Tierarzt am Nebentisch in unsere Unterhaltung. Er kenne sich in der Gegend sehr gut aus. Als er von meiner geplanten Bootsfahrt hört, lacht er mich aus. Da würden wir alle drei samt dem Hund garantiert baden gehen und unser Leben leichtfertig aufs Spiel setzen, meint er und schlägt statt dessen vor, mit ihm am Fluß hoch zum Berg Bjelucha zu reiten. Das hört sich nicht schlecht an. Leider besitzt Alexander, so heißt der Tierdoktor, nur vier Pferde. Eines davon aber muß das Gepäck tragen. Während wir noch überlegen, wo wir ein weiteres Pferd auftreiben könnten, macht Lenka einen anderen Vorschlag. Sie möchte die Gelegenheit nützen und in die Tschechoslowakei zurückfliegen, um ihren inzwischen fünfjährigen Sohn Jakub zu holen. Lumír und ich sind einverstanden. Lenka soll in Barnaul abfliegen. In drei Wochen wollen wir sie mit Jakub in Irkutsk treffen.

Zwei Tage brauchen wir, um den Pferdetrip vorzubereiten. Dann können wir losreiten. Alexander zeigt uns die Tschemal-Stufen. Es sind die letzten schwierigen Stromschnellen, die Flußfahrer überwinden müssen. Von da an droht ihnen keine Gefahr mehr. Ich denke, die hätten auch wir geschafft, ohne zu kentern.

Wir steigen weiter stromaufwärts. Die Ufer am Oberlauf des Katun sind von einer wilden, herben Schönheit: verkrüppelte Bäume, Sträucher, Farne, die sich an den Steilwänden des Canyons festkrallen, zerklüftete Felsentore, ausgewaschene Steine – und hindurch schießt der Fluß mit so unbändiger Gewalt, als wolle er sein enges Bett sprengen. In den Höhlen staut sich das Wasser, sucht schäumend und gurgelnd einen Ausgang. Strudel reißen abgebrochene Äste in die Tiefe. Die hohen Wellen sind kurz und steil. Ich merke, wie Alexander mich beobachtet, während ich fasziniert in die Tiefe starre. Später muß ich zugeben, daß die Idee, das Boot am Oberlauf des Katun ins Wasser zu setzen,

nicht die beste war. Dieser Hölle da drunten wären wir wohl kaum lebend entronnen.
Unser Weg führt über weite Blumenwiesen und durch tiefgrüne Wälder voller Pilze. Die Bergbewohner begegnen uns überall mit freundlicher Neugier. Nach vier Tagen erreichen wir Inja, das erste Dorf. Dort besorgt Alexander Brot und Milch. Dann tauchen wir wieder in die Wildnis ein, reiten zwischen zwei hohen Bergrücken hindurch, dem Terektinski und dem Nordtschujski, und stoßen auf die gefürchteten Canyons Barbit und Bit-Bom. Aus seinem vorher etwa zweihundert Meter breiten Flußbett stürzt sich der Katun in eine Schlucht, die an einigen Stellen kaum breiter als fünfzehn Meter ist. Wehe dem Wildwasserfahrer, der in diesem brodelnden Hexenkessel ums Überleben kämpfen muß! Obwohl das ungewohnte Reiten anstrengt, fühle ich mich bei diesem Gedanken auf dem Pferderücken sehr sicher und geborgen.
Wir überqueren den Fluß und gelangen durch ein bewaldetes Tal zum Ak-Kem-See. Am Ufer eines Bachs, der sich durch eine blühende Wiese schlängelt, schlagen Lumír und ich das Basislager auf. Während die Pferde grasen, machen wir uns auf zu den Gletscherbrüchen und klettern so weit, wie es ohne Steigeisen, Pickel und Seil möglich ist, um dem gigantischen Berg Bjelucha näher zu kommen.
Fast zwei Wochen dauert die Reittour. Im Dorf Ust-Koksa treibt Alexander einen Lastwagen auf, der uns mitsamt den Tieren auf langen Umwegen zum Ausgangspunkt zurückbringt. Lumír und ich wären gerne länger inmitten dieser wilden, fast menschenleeren Bergwelt geblieben. Aber wir wollen noch vor dem Einbruch des Winters am Baikalsee sein.
Auf der transsibirischen Magistrale kommen wir recht gut voran, auch wenn die Straße streckenweise in einem verheerenden Zustand ist. Manchmal muß Lumír Slalom fahren, um wenigstens den größten Löchern auszuweichen. Plötzlich kommt uns ein Wagen frontal entgegen. Der Fahrer muß eingeschlafen sein. Lumír reißt das Steuer nach rechts, sonst hätte es einen bösen Zusammenstoß gegeben. Kurz vorher hatte es geregnet. Der Straßenrand ist aufgeweicht und gibt nach. Wir landen zwar nicht im Straßengraben, wie ich zuerst befürchtete, aber der Wagen gerät ins Schleudern und kippt um. Lumír ist eingequetscht, aber unverletzt. Auch Koyuk und ich kommen mit dem Schrecken davon. Als wir den Schaden betrachten, wird uns zum Heulen zumute. Einige Lastwagenfahrer kommen uns zur Hilfe. Sie schlingen dicke Seile um den Wagen und ziehen so lange, bis der Tatra tatsächlich wieder auf seinen vier Rädern steht. Sogar der Motor springt an. Wir können weiterfahren!
Die Wiedersehensfreude in Irkutsk mit Lenka und Jakub läßt uns den Ärger über den lädierten Lastwagen vergessen. Jetzt freuen wir uns alle auf die letzte Etappe der Reise, zum Baikalsee.

# Baikalsee

Der fast 650 Kilometer lange, stellenweise 73 Kilometer breite, von hohen, zum Teil bewaldeten Bergen umgebene Baikalsee ist mit bis zu 1742 Metern der tiefste Süßwassersee der Erde. Er hat Hunderte von Zuflüssen, aber nur einen Abfluß: die Angara. Das höchstens zwölf Grad warme Wasser wechselt zwischen blau und grün und ist so klar, daß man den Grund noch bei 40 Meter Tiefe deutlich erkennen kann. Das liegt wohl an der niedrigen Wassertemperatur, die nur wenig organisches Leben zuläßt, und an der mineralischen Zusammensetzung des Gesteins im Seebekken. Außerdem führen die Zuflüsse kaum Sedimente mit sich. Fünf Monate im Jahr ist der See zugefroren, und die Eisschicht wird oft über einen Meter dick. Während des kurzen Sommers sind kräftige Stürme und bis zu fünf Meter hohe Wellen keine Seltenheit.

Früher gab es im Baikalsee viele Störe, den bis zu zwei Meter langen Omul, große Hechte, Seeforellen und manche andere Fischart. Bald könnte von dieser Vielfalt nur noch wenig übrig sein. Die Bewohner am Seeufer, die einst vom Fischfang lebten, arbeiten jetzt in der Holzverarbeitungsindustrie, in den umliegenden Zellulosefabriken, die ihre verderblichen Abwässer ungeklärt in den See leiten und die Fische auszurotten drohen.

Wir wollen uns den Baikalsee gründlich ansehen und uns ein eigenes Bild verschaffen, wie es mit dem Fischbestand wirklich aussieht, ob die alarmierenden Berichte darüber der Wahrheit entsprechen oder doch übertrieben sind.

Ich bin begeisterter Segler. Abertausende von Meilen habe ich im Südpazifik auf Yachten zurückgelegt. Jetzt wollen wir den Baikalsee von Süden nach Norden durchsegeln. Für den auf zwei Wochen angesetzten Segeltörn brauchen wir natürlich ein seetüchtiges Boot. Wir suchen den Leiter des Yachtclubs von Irkutsk auf. Er will uns sein eigenes Boot leihen und jemanden finden, der uns als Lotsen begleitet. Und er hält Wort. Mit seinem Freund Kostja an Bord legen wir zwei Tage später im Yachthafen von Irkutsk ab.

Unter Motor fahren wir zunächst auf der Angara stromaufwärts bis zu ihrem Austritt aus dem Baikalsee. Dort liegt Listwjanka, ein kleines Städtchen, das durch sein geologisch-geografisches Museum bekannt ist. Natürlich schauen wir uns das Museum an. Kostja führt uns auch auf einen Berg am Ortsrand. Die Sicht ist gut, das gegenüberliegende Ufer fast greifbar nahe. Aber die Landschaft dort drüben wirkt alles andere als idyllisch. Aus den Schloten einer Zellulosefabrik steigen grauschwarze Rauchwolken auf, die sich wie ein dicker Nebel über das Land legen. Kostja berichtet, daß allein diese Fabrik jährlich sechs bis sieben Millionen Kubikmeter Holz verarbeitet. Da frage ich mich doch, wie lange es wohl dauern wird, bis die Uferwälder abgeholzt sind und alles Leben im See vernichtet ist.

Die düsteren Gedanken weichen bald. Kaum hat die „Dobrinja“ den Hafen verlassen, verändert sich das Bild. In die bewaldeten Ufer sind schmale Buchten mit weißen Sandstränden eingeschnitten. An manchen Stellen wachsen die Kiefern bis ans Wasser heran. Das verstehe ich nicht. Aber Kostja hat eine Erklärung für dieses Phänomen: Durch den Bau eines dreißig Meter hohen Damms an der Angara bei Irkutsk ist der Wasserspiegel des Sees um einige Meter gestiegen. Millionen von Bäumen wurden von den Wellen unterspült, stürzten ins Wasser und wurden weggeschwemmt. Doch die Natur hat sich selbst geholfen. Neue Strände haben sich gebildet, neues Grün siedelte sich an.

Die ganze Zeit schleppen wir hinter der „Dobrinja“ einen Blinker her, aber kein Fisch beißt an. In einer Felsenbucht versuchen wir unser Anglerglück noch einmal. Ich werfe alle möglichen Köder aus. Ohne Erfolg. In dem kristallklaren Wasser ist kein einziger Fisch zu entdecken. Da packe ich die Angel endgültig ein.

Nach einem Abstecher in die Berge verlassen wir die Bucht und segeln weiter durch die Passage zwischen der Insel Olchon und dem Festland, dem sogenannten „kleinen Meer“. In Sachjurta legen wir an, um Benzin für den Außenbordmotor zu tanken. Wir kommen mit Dorfbewohnern ins Gespräch. Aus früheren Fischern sind Schäfer geworden. Aber zufrieden sind sie nicht. Viel lieber würden sie wieder auf den See hinausfahren. Doch in dem Wasser gibt es außer ein paar grätenreichen Barschen nichts mehr zu fangen. Der Traum vom Stör und dem leckeren Kaviar ist ausgeträumt. Jetzt vermodern die Fischerboote am Strand, und die Netze gehören den Ratten.

Für uns heißt es wieder Leinen los. Bald verändert sich die Landschaft. Die Wälder gehen in bergige Steppe über. Unzählige Vögel nisten auf winzigen Inseln. Die Gipfel des Baikalgebirges werden höher. Wir haben unser Ziel erreicht, sind am nördlichen Ende des Baikalsees angelangt, am Zufluß der Oberen Angara. Aber auch hier fangen wir keinen einzigen Fisch.

Auf dem Rückweg segeln wir nicht mehr an der Küste entlang, sondern mitten auf dem See. Unterwegs geraten wir in einen der gefürchteten Stürme. Die Neun-Meter-Yacht tanzt wie eine Nußschale auf den Wellen. In der Kajüte wirbeln Töpfe und Teller durcheinander. Und Lenka ist ihres Amtes als Köchin erst einmal enthoben. Doch die Wolken ziehen weiter, es klart auf. Und so schnell der Sturm aufgezogen ist, zieht er auch wieder ab. Der einzige, dem die Schaukelei Spaß gemacht hat, ist Jakub.

Noch einmal gehen wir vor Anker in einer einsamen Bucht. Babuschka heißt sie, Großmütterchen. Und dort ist die Welt wie zu Großmutters Zeiten noch in Ordnung. Wildwuchernde Bäume, Blumen, Sand und Felsen, ein Stückchen unzerstörte Natur, ein kleines Paradies.

# ALTAI

ATRA

*Seiten 122/123:* *Ein Dorf in der Nähe von Tschemal im Tal des Katun-Flusses im Altai-Gebirge, mittleres Südsibirien. In einigen Dörfern im Altai gibt es kaum motorisierten Verkehr. Mit Pferden kommen die Einheimischen am besten im herbstlichen Schlamm voran.*

*Seite 124:* *Auf der transsibirischen Magistrale, der Hauptverkehrsstraße, die Ostsibirien mit Europa verbindet. Bei dem Herbstregen verwandelt sich die Straße stellenweise in einen Schlammstreifen, auf dem aber ein Lastwagen mit Allradantrieb immer noch vorankommt.*

*Seiten 124/125:* *Auf der Magistrale durch Sibirien. Das beste und sicherste Fahrzeug in Ostsibirien ist im Falle, daß man nicht weit zu fahren hat, immer noch der Pferdewagen.*

*Seite 126:* *Auf dem Weg zur chinesisch-mongolischen Grenze, zum höchsten Berg Sibiriens, durch das Katun-Tal im Altai-Gebirge.*

*Seiten 126/127:* *Durch die Wälder des Altai-Gebirges. Mehr als 200 Kilometer sind es von Tschemal zu dem 4506 Meter hohen Berg Bjelucha, immer dem Flußverlauf des Katun folgend.*

*Seite 128:* *Ein Nachtlager während der zweiwöchigen Tour zu Pferde zum Bjelucha-Berg.*

*Seite 129:* *Der Bjelucha, mit 4506 Metern der höchste Berg Sibiriens im Altai-Gebirge, das sich von der Wüste Gobi in der Mongolei bis zu dem nordsibirischen Flachland erstreckt.*

*Seite 130:* *Beim Wegräumen von Bäumen, die ein Sturm auf die Straße geschleudert hat.*

# BAIKALSEE

ДОБРЫНЯ
METZELER

ДОБРЫНЯ
ДРАКОН
MERCURY
40

*Seiten 132/133:* *Eine Sandbucht an der Westküste des südlichen Teils des Baikalsees in Ostsibirien. Dieser Küstenstrich ist mit seinen vielen felsigen Buchten und feinen Sandstränden besonders reizvoll. Da keine Straße entlang der Küste führt, ist dort die Landschaft vom Menschen nur wenig verschandelt.*

*Seiten 134/135:* *Im Irkutsker Yachtclub. Die Vorbereitungsarbeiten für einen zweiwöchigen Segeltörn bis zum Nordende des Baikalsees laufen auf vollen Touren. Wir wollen erkunden, wie es um den Fischbestand des tiefsten Süßwassersees der Erde bestellt ist. Die Wasserverschmutzung, durch die Industriekombinate verursacht, von denen ungeklärtes Abwasser in den See gelangt, ist verheerend. Das ökologische Gleichgewicht des Sees, Lebensraum vieler Fischarten, ist auf viele Jahre hinaus gestört, Besserung nicht in Sicht.*

*Seite 136:* *Unterwegs entlang der Westküste und der Insel Olchon im „Kleinen Meer“ am Baikalsee. Einige weiße Felsen im Wasser sehen von weitem wie schwimmende Eisberge aus.*

*Seite 137:* *Eine namenlose Bucht an der südlichen Westküste des Baikalsees. Eine gute Ankerstelle und ein ausgezeichneter Lagerplatz, auch vor starken Winden geschützt.*

*Seiten 138/139:* *Die Bucht Babuschka – die Bucht Großmütterchens – an der Westküste des Baikalsees. Im September sind die Strände menschenleer. Zum Baden ist es schon zu kalt.*

*Seite 140:* *Die Yacht „Dobrinja“ im Sonnenuntergang.*

# *Tourismus in der Sowjetunion*

Ich möchte nicht auf die Regionen in der Sowjetunion eingehen, die jedermann im Reisebüro buchen kann. Hier sei nur auf solche Gebiete hingewiesen, wo es sich mehr oder weniger auf eigene Faust, nach eigener Planung hinzureisen lohnt. Aber täuschen wir uns nicht: Ganz individuell, nur auf eigene Initiative – das funktioniert in der Sowjetunion noch nicht.

Von der Reise mit dem Auto kann ich nur abraten; die Schwierigkeiten und Hindernisse sind zahllos. In meinem Bericht verschweige ich auch die Probleme nicht, die wir dabei selbst hatten. Es wird noch lange dauern, ehe man die UdSSR so frei und unbehindert bereisen kann wie etwa die USA oder Kanada. Es fällt schwer, auch nur das Notwendige an Lebensmitteln einzukaufen. Übernachtungsmöglichkeiten gibt es viel zuwenig, und die vorhandenen sind zumeist in einem Zustand, der auch bescheidensten westlichen Maßstäben nicht standhält. Von den oft katastrophalen Straßenverhältnissen ganz zu schweigen.

Stark beeindruckt haben mich die südlichen Bergregionen mit der an vielen Stellen unverdorbenen, unberührten Natur, so im Kaukasus, den Fanske-Bergen, der Alaikette, im Pamir und Altai. Das Segeln auf dem Baikalsee hat seinen besonderen Reiz. Bald soll sich auch die Halbinsel Kamtschatka dem Tourismus öffnen, wo hohe Vulkane locken. Wir haben es leider nicht geschafft, nach Kamtschatka vorzudringen, obwohl sich die Prager Jugendorganisation CKM alle Mühe gegeben hat, die Steine der Behörden für uns aus dem Weg zu räumen.

Einen Partner in der Sowjetunion an der Hand zu haben oder eine Reiseorganisation in einem früheren Ostblockland, die im Arrangieren von Reisen in der UdSSR erfahren ist, kann nützlich sein. Uns war das Prager CKM-Büro sehr behilflich beim nahezu problemlosen Grenzübertritt und bei der Organisation der Bergtour im Pamir. Dort gibt es relativ gut eingerichtete internationale Bergsteigercamps mit Lebensmitteln für den Aufenthalt im Lager, nicht jedoch Verpflegung für die Touren. Führer und Träger finden sich in der Sowjetunion kaum, weil die einheimischen Bergbewohner nicht an die Bergsteigerbasen herankommen. Die Camps sind meist von Organisationen eingerichtet und geleitet, die ihren Sitz in Moskau oder anderen großen Städten der UdSSR haben.

Das Riesenreich zu bereisen, ist auf jeden Fall ein Erlebnis fürs Leben, zu dem die negativen Seiten ebenso gehören wie die zahlreichen positiven.

# Für den fototechnisch Interessierten

Auf unserer Sowjetunion-Reise haben wir die Fotoausrüstung bewußt auf einem Minimum gehalten, weil wir fast nie vom Fahrzeug aus fotografiert und Kameras bei uns getragen haben.
Meine beiden Gefährten benutzten den Multiautomaten Leica R5. Sie sind sehr angetan von der selektiven Belichtungsmessung der Kamera, mit der sie auch schwierigste Lichtverhältnisse optimal gemeistert haben. Sie benutzten teilweise die manuelle Einstellung, größtenteils aber die Zeit- oder Blendenautomatik.
Ich selbst bin begeistert von der mechanischen Spiegelreflexkamera Leica R6. Mit ihr konnte ich ganz individuell die ursprünglichen Gestaltungselemente der Fotografie – Belichtungszeit und Blendenöffnung – auch bei recht problematischen Bedingungen einsetzen.
Als notwendigste Objektive erwiesen sich für uns immer wieder das Vario-Elmar-R 3,5/35–70 mm, das Vario-Elmar-R 4/70–210 mm und für die Porträt- und Makro-Aufnahmen das Macro-Elmarit-R 2,8/60 mm.
Schon seit Jahren benütze ich ausschließlich Kodak-Filme, mit denen ich beste Erfahrungen gemacht habe. Zwei verschiedene Sorten Filme hatten wir dabei: Kodachrome 25, den schärfsten Farbfilm, den ich kenne, und Kodachrome 64. Den 25er nehmen wir an sonnigen Tagen oder in den Gletscherbergen, ansonsten den 64er, dessen höhere Lichtempfindlichkeit die schnelleren Verschlußzeiten oder kleinere Blende erlaubt.
Aber nicht nur wegen der Schärfe und der hervorragenden Farbqualität haben wir uns wieder für Kodak-Filme entschieden. Wir haben belichtete Filme auch bei extrem hohen Temperaturen in den Wüstengebieten ohne Qualitätsverlust monatelang mitgeführt. Außerdem war für uns noch ein anderer Vorteil der Kodak-Filme ausschlaggebend: Das Filmmaterial wird auch bei tiefen Minusgraden nicht brüchig. Wir haben auf der Reise quer durch die UdSSR einen Temperaturunterschied von mehr als siebzig Grad erlebt: in der Karakum-Wüste beinahe fünfzig Grad plus, im Pamir-Gebirge fast dreißig Grad minus. Filme und Kameras haben das bestens überstanden.

*Seite 144:* *Der 6300 Meter hohe Pik Tschetirech – Pamir-Gebirge im Gegenlicht.*

*Leosch Schimanek*

*Land und Leute fernab der großen Städte wollte ich kennenlernen. Also suchte ich die entlegensten Winkel der Sowjetunion auf.*

*Und dort fand ich das Erhoffte: freundliche Menschen und unverdorbene Natur.*

## *Monument „Rodina Mat“*

## *– „Die Mutter der Nation“ –*

## *in Wolgograd*

*Eines der zahlreichen Denkmäler, die seit der Oktoberrevolution von 1917 überall in der UdSSR gebaut wurden.*